海上絲綢之路基本文獻叢書

〔崇寧藏〕佛國記
〔永樂北藏〕佛國記
〔永樂南藏〕佛國記

〔晋〕法顯 撰

文物出版社

圖書在版編目（CIP）數據

［崇寧藏］佛國記 ；［永樂北藏］佛國記 ；［永樂南藏］佛國記 /（晉）法顯撰． -- 北京 ：文物出版社，2022.7
（海上絲綢之路基本文獻叢書）
ISBN 978-7-5010-7632-1

Ⅰ．①崇… Ⅱ．①法… Ⅲ．①法顯－生平事迹②西域－歷史地理－東晋時代 Ⅳ．①B949.92 ②K935.06

中國版本圖書館 CIP 數據核字（2022）第 086561 號

海上絲綢之路基本文獻叢書

〔崇寧藏〕佛國記·〔永樂北藏〕佛國記·〔永樂南藏〕佛國記

撰　　者：〔晋〕法顯
策　　劃：盛世博閱（北京）文化有限責任公司

封面設計：鞏榮彪
責任編輯：劉永海
責任印製：張　麗

出版發行：文物出版社
社　　址：北京市東城區東直門内北小街 2 號樓
郵　　編：100007
網　　址：http://www.wenwu.com
經　　銷：新華書店
印　　刷：北京旺都印務有限公司
開　　本：787mm×1092mm　1/16
印　　張：15.25
版　　次：2022 年 7 月第 1 版
印　　次：2022 年 7 月第 1 次印刷
書　　號：ISBN 978-7-5010-7632-1
定　　價：90.00 圓

總緒

海上絲綢之路，一般意義上是指從秦漢至鴉片戰争前中國與世界進行政治、經濟、文化交流的海上通道，主要分爲經由黄海、東海的海路最終抵達日本列島及朝鮮半島的東海航綫和以徐聞、合浦、廣州、泉州爲起點通往東南亞及印度洋地區的南海航綫。

在中國古代文獻中，最早、最詳細記載『海上絲綢之路』航綫的是東漢班固的《漢書·地理志》，詳細記載了西漢黄門譯長率領應募者入海『齎黄金雜繒而往』之事，書中所出現的地理記載與東南亞地區相關，并與實際的地理狀况基本相符。

東漢後，中國進入魏晋南北朝長達三百多年的分裂割據時期，絲路上的交往也走向低谷。這一時期的絲路交往，以法顯的西行最爲著名。法顯作爲從陸路西行到印度，再由海路回國的第一人，根據親身經歷所寫的《佛國記》（又稱《法顯傳》）一書，詳細介紹了古代中亞和印度、巴基斯坦、斯里蘭卡等地的歷史及風土人情，是瞭解和研究海陸絲綢之路的珍貴歷史資料。

隨着隋唐的統一，中國經濟重心的南移，中國與西方交通以海路爲主，海上絲綢之路進入大發展時期。廣州成爲唐朝最大的海外貿易中心，朝廷設立市舶司，專門管理海外貿易。唐代著名的地理學家賈耽（七三〇～八〇五年）的《皇華四達記》記載了從廣州通往阿拉伯地區的海上交通『廣州通夷道』，詳述了從廣州港出發，經越南、馬來半島、蘇門答臘半島至印度、錫蘭，直至波斯灣沿岸各國的航綫及沿途地區的方位、名稱、島礁、山川、民俗等。譯經大師義净西行求法，將沿途見聞寫成著作《大唐西域求法高僧傳》，詳細記載了海上絲綢之路的發展變化，是我們瞭解絲綢之路不可多得的第一手資料。

宋代的造船技術和航海技術顯著提高，指南針廣泛應用於航海，中國商船的遠航能力大大提升。北宋徐兢的《宣和奉使高麗圖經》詳細記述了船舶製造、海洋地理和往來航綫，是研究宋代海外交通史、中朝友好關係史、中朝經濟文化交流史的重要文獻。南宋趙汝適《諸蕃志》記載，南海有五十三個國家和地區與南宋通商貿易，形成了通往日本、高麗、東南亞、印度、波斯、阿拉伯等地的『海上絲綢之路』。宋代爲了加强商貿往來，於北宋神宗元豐三年（一〇八〇年）頒佈了中國歷史上第一部海洋貿易管理條例《廣州市舶條法》，并稱爲宋代貿易管理的制度範本。

元朝在經濟上採用重商主義政策，鼓勵海外貿易，中國與歐洲的聯繫與交往非常頻繁，其中馬可•波羅、伊本•白圖泰等歐洲旅行家來到中國，留下了大量的旅行記，記録元代海上絲綢之路的盛况。元代的汪大淵兩次出海，撰寫出《島夷志略》一書，記録了二百多個國名和地名，其中不少首次見於中國著録，涉及的地理範圍東至菲律賓群島，西至非洲。這些都反映了元朝時中西經濟文化交流的豐富内容。

明、清政府先後多次實施海禁政策，海上絲綢之路的貿易逐漸衰落。但是從明永樂三年至明宣德八年的二十八年裏，鄭和率船隊七下西洋，先後到達的國家多達三十多個，在進行經貿交流的同時，也極大地促進了中外文化的交流，這些都詳見於《西洋蕃國志》《星槎勝覽》《瀛涯勝覽》等典籍中。

關於海上絲綢之路的文獻記述，除上述官員、學者、求法或傳教高僧以及旅行者的著作外，自《漢書》之後，歷代正史大都列有《地理志》《四夷傳》《西域傳》《外國傳》《蠻夷傳》《屬國傳》等篇章，加上唐宋以來衆多的典制類文獻、地方史志文獻，集中反映了歷代王朝對於周邊部族、政權以及西方世界的認識，都是關於海上絲綢之路的原始史料性文獻。

海上絲綢之路概念的形成，經歷了一個演變的過程。十九世紀七十年代德國地理學家費迪南・馮・李希霍芬（Ferdinad Von Richthofen，一八三三～一九〇五），在其《中國：親身旅行和研究成果》第三卷中首次把輸出中國絲綢的東西陸路稱爲『絲綢之路』。有『歐洲漢學泰斗』之稱的法國漢學家沙畹（Édouard Chavannes，一八六五～一九一八），在其一九〇三年著作的《西突厥史料》中提出『絲路有海陸兩道』，蘊涵了海上絲綢之路最初提法。迄今發現最早正式提出『海上絲綢之路』一詞的是日本考古學家三杉隆敏，他在一九六七年出版《中國瓷器之旅：探索海上的絲綢之路》中首次使用『海上絲綢之路』一詞；一九七九年三杉隆敏又出版了《海上絲綢之路》一書，其立意和出發點局限在東西方之間的陶瓷貿易與交流史。

二十世紀八十年代以來，在海外交通史研究中，『海上絲綢之路』一詞逐漸成爲中外學術界廣泛接受的概念。根據姚楠等人研究，饒宗頤先生是華人中最早提出『海上絲綢之路』的人，他的《海道之絲路與昆侖舶》正式提出『海上絲路』的稱謂。選堂先生評價海上絲綢之路是外交、貿易和文化交流作用的通道。此後，大陸學者馮蔚然在一九七八年編寫的《航運史話》中，使用『海上絲綢之路』一詞，這是迄今學界查到的中國大陸最早使用『海上絲綢之路』的人，更多地限於航海活動領域的考察。一九八〇年北京大學陳炎教授提出『海上絲綢之路』研究，并於一九八一年發表《略論海上絲綢之路》一文。他對海上絲綢之路的理解超越以往，且帶有濃厚的愛國主義思想。陳炎教授之後，從事研究海上絲綢之路的學者越來越多，尤其沿海港口城市向聯合國申請海上絲綢之路非物質文化遺産活動，將海上絲綢之路研究推向新高潮。另外，國家把建設『絲綢之路經濟帶』和『二十一世紀海上絲綢之路』作爲對外發展方針，將這一學術課題提升爲國家願景的高度，使海上絲綢之路形成超越學術進入政經層面的熱潮。

與海上絲綢之路學的萬千氣象相對應，海上絲綢之路文獻的整理工作仍顯滯後，遠遠跟不上突飛猛進的研究進展。二〇一八年厦門大學、中山大學等單位聯合發起『海上絲綢之路文獻集成』專案，尚在醖釀當中。我們不揣淺陋，深入調查，廣泛搜集，將有關海上絲綢之路的原始史料文獻和研究文獻，分爲風俗物産、雜史筆記、海防海事、典章檔案等六個類别，彙編成《海上絲綢之路歷史文化叢書》，於二〇二〇年影印出版。此輯面市以來，深受各大圖書館及相關研究者好評。爲讓更多的讀者親近古籍文獻，我們遴選出前編中的菁華，彙編成《海上絲綢之路基本文獻叢書》，以單行本影印出版，以饗讀者，以期爲讀者展現出一幅幅中外經濟文化交流的精美畫卷，爲海上絲綢之路的研究提供歷史借鑒，爲『二十一世紀海上絲綢之路』倡議構想的實踐做好歷史的詮釋和注脚，從而達到『以史爲鑒』『古爲今用』的目的。

凡例

一、本編注重史料的珍稀性，從《海上絲綢之路歷史文化叢書》中遴選出菁華，擬出版百册單行本。

二、本編所選之文獻，其編纂的年代下限至一九四九年。

三、本編排序無嚴格定式，所選之文獻篇幅以二百餘頁爲宜，以便讀者閱讀使用。

四、本編所選文獻，每種前皆注明版本、著者。

五、本編文獻皆爲影印，原始文本掃描之後經過修復處理，仍存原式，少數文獻由於原始底本欠佳，略有模糊之處，不影響閱讀使用。

六、本編原始底本非一時一地之出版物，原書裝幀、開本多有不同，本書彙編之後，統一爲十六開右翻本。

目録

〔崇寧藏〕佛國記

〔崇寧藏〕佛國記

〔晋〕法顯　撰

北宋崇寧三年福州私刻東禪等覺院等開元禪寺刻《崇寧藏》本

福州開元禪寺住持傳法賜紫慧通大師了一謹募衆緣恭爲
今上　皇帝祝延　聖壽文武官僚資崇　祿位圓成雕造
毗盧大藏經板一副時紹興戊辰閏八月　日　謹題

法顯傳一卷　　通

東晉沙門法顯自記遊天竺事

法顯昔在長安慨律藏殘缺於是遂以弘始二年歲在己亥與慧景道整慧應慧嵬等同契至天竺尋求戒律初發跡長安度隴至乾歸國夏坐夏坐訖前行至耨檀國度養樓山至張掖鎮張掖大亂道路不通張掖王段業遂留爲作檀越於是與智嚴慧簡僧紹寶雲僧景等相遇欣於同志便共夏坐夏坐訖復

進到屯皇有塞東西可八十里南北四十里共停一月餘日法顯等五人隨使先發復與寶雲等別屯皇太守李浩供給度沙河沙河中多有惡鬼熱風過則皆死無一全者上無飛鳥下無走獸遍望極目欲求度處則莫知所擬唯以死人枯骨爲標識耳行十七日計可千五百里得至鄯善國其地崎嶇薄瘠俗人衣服粗與漢地同但以氈褐爲異其國王奉法可有四千餘僧悉小乘學諸國俗人及沙門盡行天竺法但有精麁從此西行所經諸國類皆如是唯國國胡語不同然出家人皆習天竺書天竺語住此一月日復西北行

十五日到僞夷國僞夷國僧亦有四千餘人
皆小乘學法則齊整法顯得符行堂公孫經
理住二月餘日於是還與寶雲等共爲僞夷
國人不修禮義遇客甚薄智嚴慧簡慧嵬遂
返還向唱欲求行資法顯等蒙符公孫供給
遂得直進西南行路中無居民沙行艱難所
經之苦人理莫比在道一月五日得到于闐
其國豐樂人民殷盛盡皆奉法以法樂相娛
衆僧乃數萬人多大乘學皆有衆食彼國人
民家家門前皆起小塔最小者可高二丈許
作四方僧房供給客僧及餘所須國王安堵
法顯等於僧伽藍僧伽藍名瞿摩帝是大乘

寺三千僧共犍槌食入食堂時威儀齊肅次第而坐一切寂然器鉢無聲淨人益食不得相喚但以手指麾慧景道整慧達先發向竭叉國法顯等欲觀行像停三月日其國中十四大僧伽藍不數小者從四月一日城裏便掃灑道路莊嚴巷陌其城門上張大幃幕事

事嚴餝王及夫人采女皆住其中瞿摩帝僧是大乘學王所敬重最先行像離城三四里作四輪像車高三丈餘狀如行殿七寶莊校懸繒幡蓋像立車中二菩薩侍作諸天侍從皆金銀彫瑩懸於虛空像去門百步王脫天冠易著新衣徒跣持華香翼從出城迎像頭

面禮足散華燒香像入城時門樓上夫人采女遥散衆華紛紛而下如是莊嚴供具車車各異一僧伽藍則一日行像白月一日始至十四日行像乃訖行像訖王及夫人乃還宮耳其城西七八里有僧伽藍名王新寺作來八十年經三王方成可高二十五丈彫文刻鏤金銀覆上衆寶合成塔後作佛堂莊嚴妙好梁柱戶扇窻牖皆以金薄別作僧房亦嚴麗整餝非言可盡嶺東六國諸王所有上價寶物多作供養人用者少既過四月行像僧韶一人隨胡道人向罽賓法顯等進向子合國在道二十五日便到其國國王精進有千

餘僧多大乘學住此十五日已於是南行四日入葱嶺山到於䴥國安居安居已止行二十五日到竭叉國與慧景等合值其國王作般遮越師般遮越師漢言五年大會也會時請四方沙門皆來雲集已莊嚴衆坐處懸繒幡蓋作金銀蓮華著繒座後鋪淨坐具王及群臣如法供養或一月二月或三月多在春時王作會已復勸諸群臣設供供養或一日二三日五日供養都畢王以所乘馬鞍勒自副使國中貴重臣騎之并諸白㲲種種珎寶沙門所須之物共諸群臣發願布施布施已還從僧贖其地山寒不生餘穀唯熟麥耳衆

僧受歲已其晨輒霜故其王每讚衆僧令麥
熟然後受歲其國有佛唾壺以石作色似佛
鉢又有佛一齒國人爲佛齒起塔有千餘僧
盡小乘學自山以東俗人被服粗類秦土亦
以氈褐爲異沙門法用轉轉勝不可具記其
國當葱嶺之中自葱嶺已前草木果實皆異

唯竹及安石留甘蔗三物與漢地同耳從此
西行向北天竺在道一月得度葱嶺葱山冬
夏有雪又有毒龍若失其意則吐毒風雨雪
飛沙礫石遇此難者萬無一全彼土人人即
名爲雪山人也度嶺已到北天竺始入其境
有一小國名陁歷亦有衆僧皆小乘學其國

昔有羅漢以神足力將一巧匠上兜術天觀弥勒菩薩長短色貌還下刻木作像前後三上觀然後乃成像長八丈足趺八尺齋日常有光明諸國王競興供養今故現在於此順嶺西南行十五日其道艱岨崖岸嶮絶其山唯石壁立千仞臨之目眩欲進則投足無所下有水名新頭河昔人有鑿石通路施傍梯者凡度七百度梯已躡懸絙過河河兩岸相去减八十步九譯所絶漢之張騫甘英皆不至衆僧問法顯佛法東過其始可知耶顯云訪問彼土人皆云古老相傳自立弥勒菩薩像後便有天竺沙門賫經律過此河者像立

在佛泥洹後三百許年計於周氏平王時由
茲而言大教宣流始自此像非夫弥勒大士
継軌釋迦孰能令三寳宣通邊人識法固知
冥運之開本非人事則漢明之夢有由而然
矣度河便到烏萇國烏萇國是正北天竺也
盡作中天竺語中天竺所謂中國俗人衣服
飲食亦與中國同佛法甚盛名衆僧住止處
爲僧伽藍凡有五百僧伽藍皆小乘學若有
客比丘到悉供養三日三日過已乃令自求
所安常傳言佛至北天竺即到此國也佛遺
足跡於此跡或長或短在人心念至今猶尒
及曬衣石度惡龍處亦悉現在石高丈四長

二丈許一邊平慧景道整慧達三人先發向
佛影那竭國法顯等住此國夏坐坐訖南下
到宿呵多國其國佛法亦盛昔天帝釋試菩
薩化作鷹鴿割肉貿鴿處佛即成道與諸弟
子遊行語云此本是吾割肉貿鴿處國人由
是得知於此處起塔金銀校餝從此東下五

日行到犍陀衛國是阿育王子法益所治處
佛爲菩薩時亦於此國以眼施人其處亦起
大塔金銀校餝此國人多小乘學自此東行
七日有國名竺刹尸羅竺刹尸羅漢言截頭
也佛爲菩薩時於此處以頭施人故因以爲
名復東行二日至投身餧餓虎處此二處亦

起大塔皆衆寶校餝諸國王臣民競興供養散華然燈相繼不絕通上二塔彼方人亦名爲四大塔也從犍陁衛國南行四日到弗樓沙國佛昔將諸弟子遊行此國語阿難云吾般泥洹後當有國王名罽膩伽於此處起塔後膩伽王出世出行遊觀時天帝釋欲開發其意化作牧牛兒當道起塔王問言汝作何等荅曰作佛塔王言大善於是王即於小兒塔上起塔高四十餘丈衆寶校餝凡所經見塔廟壯麗威嚴都無此比傳云閻浮提塔唯此爲上王作塔成已小塔即自傍出大塔南高三尺許佛鉢即在此國昔月氏王大興兵

衆來伐此國欲取佛鉢既伏此國已月氏王篤信佛法欲持鉢去故興供養供養三寶畢乃校飾大象置鉢其上象便伏地不能得前更作四輪車載鉢八象共牽復不能進王知與鉢緣未至深自愧歎即於此處起塔及僧伽藍并留鎮守種種供養可有七百餘僧日將中衆僧則出鉢與白衣等種種供養然後中食至暮燒香時復尒可容二斗許雜色而黑多四際分明厚可二分甚光澤貧人以少華投中便滿有大富者欲以多華供養正復百千萬斛終不能滿寶雲僧景只供養佛鉢便還慧景慧達道整先向那竭國供養佛

影佛齒及頂骨慧景病道整住看慧達一人
還於弗樓沙國相見而慧達寶雲僧景遂還
秦土慧景應在佛鉢寺無常由是法顯獨進
向佛頂骨所西行十六由延便至那竭國界
醯羅城中有佛頂骨精舍盡以金薄七寶校
餝國王敬重頂骨慮人抄奪乃取國中豪姓

八人人持一印印封守護清晨八人俱到各
視其印然後開戶開戶已以香汁洗手出佛
頂骨置精舍外高座上以七寶圓碪碪下琉
璃鍾覆上皆珠璣校餝骨黃白色方圓四寸
其上隆起每日出後精舍人則登高樓擊大
鼓吹螺敲銅鈸王聞已則詣精舍以華香供

養供養已次第頂戴而去從東門入西門出王朝朝如是供養禮拜然後聽國政居士長者亦先供養乃修家事日日如是初無懈惓供養都訖乃還頂骨於精舍中有七寶解脫塔或開或閉高五丈許以盛之精舍門前朝朝恒有賣華香凡欲供養者種種買焉諸國王亦恒遣使供養精舍處方四十步雖復天震地裂此處不動從此北行一由延到那竭國城是菩薩本以銀錢貿五莖華供養定光佛處城中亦有佛齒供養如頂骨法城東北一由延到一谷口有佛錫杖亦精舍供養牛頭栴檀作長丈六七許以木筒盛之正復百

千人舉不能移入谷口西行有佛僧伽梨精
舍供養彼國土亢旱時國人相率出衣禮拜
供養天即大雨那竭城南半由延有石室博
山西南向佛留影此中去十餘步觀之如佛
真形金色相好光明炳著轉近轉微髣髴如
有諸方國王遣工畫師模寫莫能及彼國人
傳云千佛盡當於此留影影西百步許佛在
時剃髮剪爪佛自與諸弟子共造塔高七八
丈以爲將來塔法今猶在邊有寺寺中有七
百餘僧此處有諸羅漢辟支佛塔乃千數住
此冬三月法顯等三人南度小雪山雪山冬
夏積雪山北陰中遇寒風暴起人皆噤戰慧

景一人不堪復進口出白沫語法顯云我亦不復活便可時去勿得俱死於是遂終法顯撫之悲號本圖不果命也奈何復自力前得過嶺南到羅夷國近有三千僧兼大小乘學住此夏坐坐訖南下十日到跋那國亦有三千許僧皆小乘學從此東行三日復渡新頭河兩岸皆平地過河有國名毗荼佛法興盛兼大小乘學見秦道人往乃大憐愍作是言如何邊地人能知出家爲道遠求佛法悉供給所須待之如法從此東南行減八十由延經歷諸寺甚多僧衆萬數過是諸處已到一國國名摩頭羅有遥捕那河河邊左右有二

十僧伽藍可有三千僧佛法轉盛凡沙河已
西天竺諸國國王皆篤信佛法供養衆僧時
則脱天冠共諸宗親群臣手自行食行食已
鋪氈於地對上座前坐於衆僧前不敢坐床
佛在世時諸王供養法式相傳至今從是以
南名爲中國中國寒暑調和無霜雪人民殷
樂無戸籍官法唯耕王地者乃輸地利欲去
便去欲住便住王治不用刑罔有罪者但罰
其錢隨事輕重雖復謀爲惡逆不過截右手
而已王之侍衞左右皆有供禄舉國人民悉
不殺生不飲酒不食葱蒜唯除旃荼羅旃荼
羅名爲惡人與人別居若入城市則擊水以

自異人則識而避之不相唐突國中不養豬雞不賣生口市無屠估及估酒者貨易則用貝齒唯旃荼羅獵師賣肉耳自佛般泥洹後諸國王長者居士爲衆僧起精舍供養田宅園圃民戶牛犢鐵券書録後王相傳無敢廢者至今不絶衆僧住止房舍床褥飲食衣服都無渴乏處處皆介衆僧常以作功德爲業及誦經坐禪客僧往到舊僧迎逆代擔衣鉢給洗足水塗足油與非時漿須臾息已復問其臘數次第得房舍卧具種種如法衆僧住處作舍利弗塔目連阿難塔并阿毗曇律經塔安居後一月諸希福之家勸化供養僧作

非時漿衆僧大會說法說法已供養舍利弗塔種種香華通夜然燈使彼人作舍利弗本婆羅門時詣佛求出家大目連大迦葉亦如是諸比丘尼多供養阿難塔以阿難請世尊聽女人出家故諸沙彌多供養羅云阿毗曇師者供養阿毗曇律師者供養律年年一供養各自有日摩訶衍人則供養般若波羅蜜文殊師利光世音等衆僧受歲竟長者居士婆羅門等各持種種衣物沙門所須以布施僧衆僧亦自各各布施佛泥洹已來聖衆所行威儀法則相承不絕自渡新頭河至南天竺迄于南海四五萬里皆平坦無大山川正有

河水從此東南行十八由延有國名僧伽施佛上忉利天三月爲母説法來下處佛上忉利天以神通力都不使諸弟子知來滿七日乃放神足阿那律以天眼遥見世尊即語尊者大目連汝可往問訊世尊目連即往頭面禮足共相問訊問訊已佛語目連吾却後七日當下閻浮提目連既還于時八國大王及諸臣民不見佛久咸皆渴仰雲集此國以待世尊時優鉢羅比丘尼即自心念今日國王臣民皆當奉迎佛我是女人何由得先見佛即以神足化作轉輪聖王最前禮佛佛從忉利天上東向下下時化作三道寶階佛在中

道七寶階上行梵天王亦化作白銀階在右
邊執白拂而侍天帝釋化作紫金階在左邊
執七寶蓋而侍諸天無數從佛既下三階俱
没於地餘有七級現後阿育王欲知其根際
遣人掘看下至黃泉根猶不盡王益信敬即
於階上起精舍當中階作丈六立像精舍後
立石柱高三十肘上作師子柱内四邊有佛
像内外映徹淨若琉璃有外道論師與沙門
諍此住處時沙門理屈於是共立誓言此處
若是沙門住處者今當有靈驗作是言已柱
頭師子乃大鳴吼見證於是外道懼怖心服
而退佛以受天食三月故身作天香不同世

人即便浴身後人於此處起浴室浴室猶在
優鉢羅比丘尼初禮佛處今亦起塔佛在世
時有翦髮爪作塔及過去三佛并釋迦文佛
坐處經行處及作諸佛形像處盡有塔今悉
在天帝釋梵天王從佛下處亦起塔此處僧
及尼可有千人皆同衆食雜大小乘學住處
一白耳龍與此衆僧作檀越令國內豐熟雨
澤以時無諸災害使衆僧得安衆僧感其惠
故爲作龍舍敷置坐處又爲龍設福食供養
衆僧日日衆中別差三人到龍舍中食每至
夏坐訖龍輒化形作一小虵兩耳邊白衆僧
識之銅杅盛酪以龍置中從上座至下座行

之似若問訊遍便化去年年一出其國豐饒人民熾盛最樂無比諸國人來無不經理供給所須寺北五十由延有一寺名火境火境者惡鬼名也佛本化是惡鬼後人於此處起精舍以精舍布施阿羅漢以水灌手瀝滴地其處故在正復掃除常現不滅此處別有佛塔善鬼神常掃灑初不須人工有邪見國王言汝能如是者我當多將兵衆住此益積糞穢汝復能除不鬼神即起大風吹之令淨此處有百枚小塔人終日數之不能得知若至意欲知者便一塔邊置一人已復計數人人或多或少其不可得知有一僧伽藍可六七

百僧此中有辟支佛食處泥洹地大如車輪餘處生草此處獨不生及曬衣地處亦不生草衣條著地跡今故現在法顯住龍精舍夏坐坐訖東南行七由延到罽饒夷城城接恒水有二僧伽藍盡小乘學去城西六七里恒水北岸佛為諸弟子說法處傳云說無常苦說身如泡沫等此處起塔猶在度恒水南行三由延到一村名呵梨佛於此中說法經行坐處盡起塔從此東南行十由延到沙祇大國出沙祇城南門道東佛本在此嚼楊枝刺土中即生長七尺不增不減諸外道婆羅門嫉妬或斫或拔遠棄之其處續生如故此中

亦有四佛經行坐處起塔故在從此南行八
由延到拘薩羅國舍衛城城内人民希曠都
有二百餘家即波斯匿王所治城也大愛道
故精舍處須達長者井壁及鴦掘魔得道般
泥洹燒身處後人起塔皆在此城中諸外道
婆羅門生嫉妬心欲毀壞之天即雷電霹靂
通　法顯一卷　九　付中
終不能得壞出城南門千二百步道西長者
須達起精舍精舍東向開門戸戸兩廂有二
石柱左柱上作輪形右柱上作牛形池流清
淨林木尚茂衆華異色蔚然可觀即所謂祇
洹精舍也佛上忉利天爲母說法九十日波
斯匿王思見佛即刻牛頭栴檀作佛像置佛

坐處佛後還入精舍像即避出迎佛佛言還坐吾般泥洹後可爲四部衆作法式像即還坐此像最是衆像之始後人所法者也佛於是移住南邊小精舍與像異處相去二十步祇洹精舍本有七層諸國王人民競興供養懸繒幡蓋散華燒香然燈續明日日不絶鼠銜燈炷燒幡蓋遂及精舍七重都盡諸國王人民皆大悲惱謂栴檀像已燒却後四五日開東小精舍戸忽見本像皆大歡喜共治精舍得作兩重還移像本處法顯道整初到祇洹精舍念昔世尊住此二十五年自傷生在邊城共諸同志遊歷諸國而或有還者或有

無常者今日乃見佛空處愴然心悲彼衆僧
出問顯等言汝從何國來荅云從漢地來彼
衆僧歎曰奇哉邊地之人乃能求法至此自
相謂言我等諸師和上相承已來未見漢道
人來到此也精舍西北四里有榛名曰得眼
本有五百盲人依精舍住此佛爲說法盡還
得眼盲人歡喜刺杖著地頭面作禮杖遂生
長大世人重之無敢伐者遂成爲榛是故以
得眼爲名祇洹衆僧中食後多往彼榛中坐
禪祇洹精舍東北六七里毗舍佉母作精舍
請佛及僧此處故在祇洹精舍大援落有二
門一門東向一門北向此園即須達長者布

金錢買地處也精舍當中央佛住處最久說
法度人經行坐處亦盡起塔皆有名字乃孫
陀利殺身謗佛處出祇洹東門北行七十步
道西佛昔共九十六種外道論議國王大臣
居士人民皆雲集而聽時外道女名旃柘摩
那起嫉妬心及懷衣著腹前似若妊身於衆
會中謗佛以非法於是天帝釋即化作白鼠
齧其腰帶斷所懷衣墮地地即劈裂生入地
獄及調達毒爪欲害佛生入地獄處後人皆
標識之又於論議處起精舍精舍高六丈許
裏有坐佛其道東有外道寺名曰影覆與論
議處精舍夾道相對亦高六丈許所以名影

覆者日在西時世尊精舍影則映外道天寺
日在東時外道天寺影則北映終不得映佛
精舍也外道常遣人守其天寺掃灑燒香燃
燈供養至明旦其燈輒移在佛精舍中婆羅
門恚言諸沙門取我燈自供養佛爲尒不止
婆羅門於是夜自伺候見其所事天神持燈
繞佛精舍三帀供養佛已忽然不見婆羅門
乃知佛神即捨家入道傳云近有此事繞祇
洹精舍有九十八僧伽藍盡有僧住處唯一
處空此中國有十六種道皆知今世後世各
有徒衆亦皆乞食但不持鉢亦復求福於曠
路側立福德舍屋宇床卧飲食供給行路人

及出家人來去客但所期異耳調達亦有衆在供養過去三佛唯不供養釋迦文佛舍衛城東南四里瑠璃王欲伐舍夷國世尊當道側立立處起塔城西五十里到一邑名都維是迦葉佛本生處父子相見處般泥洹處皆悉起塔迦葉如來全身舍利亦起大塔從舍衛城東南行十二由延到一邑名那毗伽是拘樓秦佛所生處父子相見處般泥洹處亦有僧伽藍從此北行減一由延到一邑是拘那含牟尼佛所生處父子相見處般泥洹處亦皆起塔從此東行減一由延到迦維羅衛城城中都無王民甚坵荒只有衆僧民戶數

十家而已白淨王故宮處作太子母形像乃太子乘白象入母胎時太子出城東門見病人迴車還處皆起塔阿夷相太子處與難陁等撲象捔射箭處東南去三十里入地令泉水出後世人治作井令行人飲之佛得道還見父王處五百釋子出家向優波離作禮地六種震動處佛爲諸天說法四天王守四門父王不得入處佛在尼拘律樹下東向坐大愛道布施佛僧伽梨處此樹猶在瑠璃王殺釋種子釋種子先盡得須陁洹立塔今亦在城東北數里有王田太子樹下觀耕者處城東五十里有王園園名論民夫人入池洗浴

出池北岸二十步舉手攀樹枝東向生太子太子墮地行七步二龍王浴太子身浴處遂作井及上洗浴池今衆僧常取飲之凡諸佛有四處常定一者成道處二者轉法輪處三者説法論議伏外道處四者上忉利天爲母説法來下處餘則隨時示現焉迦維羅衛國大空荒人民希疎道路畏白象師子不可妄行從佛生處東行五由延有國名藍莫此國王得佛一分舍利還歸起塔即名藍莫塔塔邊有池池中有龍常守護此塔晝夜供養阿育王出世欲破八塔作八萬四千塔破七塔已次欲破此塔龍便現身持阿育王入其宮

中觀諸供養具已語王言汝供若能勝是便可壞之持去吾不與汝爭阿育王知其供養具非世之有於是便還此中荒蕪無人灑掃常有群象以鼻取水灑地取雜華香而供養塔諸國有道人來欲禮拜塔遇象大怖依樹自翳見象如法供養道人大自悲感此中無有僧伽藍可供養此塔乃令象灑掃道人即捨大戒還作沙弥自挽草木平治處所使得淨潔勸化國王作僧住處已爲寺主今現有僧住此事在近自尒相承至今恒以沙弥爲寺主從此東行三由延太子遣車匿白馬還處亦起塔從此東行四由延到炭塔亦有僧

伽藍復東行十二由延到拘夷那竭城城北雙樹間希連河邊世尊於此北首而般泥洹及須跋最後得道處以金棺供養世尊七日處金剛力士放金杵處八王分舍利處諸處皆起塔有僧伽藍今悉現在其城中人民亦稀曠止有衆僧民戶從此東南行十二由延

到諸梨車欲逐佛般泥洹處而佛不聽戀佛不肯去佛化作大深塹不得渡佛與鉢作信遣還其家立石柱上有銘題自此東行五由延到毗舍離國毗舍離城北大林重閣精舍佛住處及阿難半身塔其城裏本菴婆羅女家爲佛起塔今故現在城南三里道西菴婆

羅女以園施佛佛住處佛將般泥洹與諸弟
子出毗舍離城西門迴身右轉顧看毗舍離
城告諸弟子是吾最後所行處後人於此處
起塔佛告阿難言我却後三月當般泥洹魔
王嬈固阿難使不得請佛住世從此東行三
四里有塔佛般泥洹後百年有毗舍離比丘
錯行戒律十事證言佛說如是尒時諸羅漢
及持戒律凡夫者有七百僧更檢校律藏後
人於此處起塔今亦在從此東行四由旬到
五河合口阿難從摩竭國向毗舍離欲般涅
槃諸天告阿闍世王阿闍世王即自嚴駕將
士衆追到河上毗舍離諸梨車聞阿難來亦

復來迎俱到河上阿難思惟前則阿闍世王致恨還則梨車復怨則於河中央入火光三昧燒身而般泥洹分身作二分一分在一岸邊於是二王各得半身舍利還歸起塔度河南下一由延到摩竭提國巴連弗邑巴連弗邑是阿育王所治城中王宮殿皆使鬼神作累石起墻闕雕文刻鏤非世所造今故在阿育王弟得羅漢道常住耆闍崛山志樂閑靜王敬心請於家供養以樂山靜不肯受請王語弟言但受我請當爲汝於城裏作山王乃具飲食召諸鬼神而告之曰明日悉受我請無坐席各自賫來明日諸大鬼神各持大石

來辟方四五步坐訖即使鬼神累作大石山
又於山底以五丈方石作一石室可長三丈
廣二丈高丈餘有一大乘婆羅門子名羅沃
私婆迷住此城裏爽悟多智事無不達以清
淨自居國王宗敬師事若往問訊不敢並坐
王設以愛敬心執手執手已婆羅門輒自灌
洗年可五十餘舉國瞻仰賴此一人弘宣佛
法外道不能得加陵衆僧於阿育王塔邊造
摩訶衍僧伽藍甚嚴麗亦有小乘寺都合六
七百僧衆威儀庠序可觀四方高德沙門及
學問人欲求義理皆詣此寺婆羅門子師亦
名文殊師利國內大德沙門諸大乘比丘皆

宗仰焉亦住此僧伽藍凡諸中國唯此國城邑爲大民人富盛競行仁義年年常以建夘月八日行像作四輪車縛竹作五層有承櫨偃戟高二由延許其狀如塔以白氎鄣上然後彩畫作諸天形像以金銀琉璃莊校其上懸繒幡蓋四邊作龕皆有坐佛菩薩立侍可有二十車車車莊嚴各異當此日境內道俗皆集作倡伎樂華香供養婆羅門子來請佛佛次第入城入城內再宿通夜然燈伎樂供養國國皆尒其國長者居士各於城中立福德醫藥舍凡國中貧窮孤獨殘跛一切病人皆詣此舍種種供給醫師看病隨宜飲食及

湯藥皆令得安差者自去阿育王壞七塔作
八萬四千塔最初所作大塔在城南三里餘
此塔前有佛脚跡起精舍戶北向塔南有一
石柱圍丈四五高三丈餘上有銘題云阿育
王以閻浮提布施四方僧還以錢贖如是三
反塔北三四百步阿育王本於此作泥梨城
中央有石柱亦高三丈餘上有師子柱上有
銘記作泥梨城因緣及年數日月從此東南
行九由延至一小孤石山山頭有石室石室
南向佛坐其中天帝釋將天樂般遮彈琴樂
佛處帝釋以四十二事問佛一一以指畫石
畫跡故在此中亦有僧伽藍從此西南行一

由延到那羅聚落是舍利弗本生村舍利弗還於此村中般泥洹即此處起塔今亦現在從此西行一由延到王舍新城新城者是阿闍世王所造中有二僧伽藍出城西門三百步阿闍世王得佛一分舍利起塔高大嚴麗出城南四里南向入谷至五山裏五山周圍狀若城郭即是蓱沙王舊城城東西可五六里南北七八里舍利弗目連初見頞鞞處尼揵子作火坑毒飯請佛處阿闍世王酒飲黑象欲害佛處城東北角曲中耆舊於菴婆羅園中起精舍請佛及千二百五十弟子供養處今故在其城中空荒無人住入谷搏山東

南上十五里到耆闍崛山未至頭三里有石
窟南向佛本於此坐禪西北三十步復有一
石窟阿難於中坐禪天魔波旬化作鵰鷲住
窟前恐阿難佛以神足力隔石舒手摩阿難
肩怖即得止鳥跡手孔今悉存故曰鵰鷲窟
山窟前有四佛坐處又諸羅漢各各有石窟
坐禪處動有數百佛在石室前東西經行調
達於山北嶮巇間橫擲石傷佛足指處石猶
在佛說法堂已毀壞正有塼壁基在其山峯
秀端嚴是五山中最高法顯於新城中買香
華油燈倩二舊比丘送法顯上耆闍崛山華
香供養然燈續明慨然悲傷收淚而言佛昔

於此住說首楞嚴法顯生不值佛但見遺跡處所而已即於石窟前誦首楞嚴停止一宿還向新城出舊此谷三百餘步道西迦蘭陁竹園精舍今現在衆僧掃灑精舍北二三里有尸摩賒那尸摩賒那者漢言棄死人墓田搏南山西行三百步有一石室名賓波羅窟佛食後常於此禪又西行五六里山北陰中有一石室名車帝佛泥洹後五百阿羅漢結集經處出經時鋪三空坐莊嚴校餝舍利弗在左目連在右五百數中少一阿羅漢大迦葉爲上座時阿難在門不得入其處起塔今亦在搏山亦有諸羅漢坐禪石窟甚多出舊

城北東下三里有調達石窟離此五十步有
大方黒石昔有比丘在上經行思惟是身無
常苦空得不淨觀猒患是身即捉刀欲自殺
復念世尊制戒不得自殺又念雖尒我今但
欲殺三毒賊便以刀自刎始傷再得須陁洹
既半得阿那含斷已成阿羅漢果般泥洹從
此西行四由延到伽耶城城内亦空荒復南
行二十里到菩薩本苦行六年處處有林木
從此西行三里到佛入水洗浴天案樹枝得
攀出池處又北行二里得弥家女奉佛乳糜
處從此北行二里佛於一大樹下石上東向
坐食糜樹石今悉在石可廣長六尺高二尺

許中國寒景均調樹木或數千歲乃至萬歲從此東北行半由延到一石窟菩薩入中西向結跏趺坐心念若我成道當有神驗石壁上即有佛影現長三尺許今猶明亮時天地大動諸天在空中白言此非過去當來諸佛成道處去此西南行減半由延貝多樹下是過去當來諸佛成道處諸天說是語已即便在前唱導導引而去菩薩起行離樹三十步天授吉祥草菩薩受之復行十五步五百青雀飛來繞菩薩三帀而去菩薩前到貝多樹下敷吉祥草東向而坐時魔王遣三玉女從北來試魔王自從南來試菩薩以足指案地

魔兵退散三女變老自上苦行六年處及此諸處後人皆於中起塔立像今皆在佛成道已七日觀樹受解脫樂處佛於貝多樹下東西經行七日處諸天化作七寶堂供養佛七日處文鱗盲龍七日繞佛處佛於尼拘律樹下方石上東向坐梵天來請佛處四天王奉鉢處五百賈客授麨蜜處度迦葉兄弟師徒千人處此諸處亦起塔佛得道處有三僧伽藍皆有僧住衆僧民戶供給饒足無所乏少戒律嚴峻威儀坐起入衆之法佛在世時聖衆所行以至于今佛泥洹巳來四大塔處相承不絕四大塔者佛生處得道處轉法輪處

般泥洹處阿育王昔在小兒時當道戲遇迦葉佛行乞食小兒歡喜即以一掬土施佛佛持還泥經行池因此果報作鐵輪王王閻浮提乘鐵輪案行閻浮提見鐵圍兩山間地獄治罪人即問群臣此是何等荅言是鬼王閻羅治罪人王自念言鬼王尚能作地獄治罪人我是人主何不作地獄治罪人耶即問臣等誰能爲我作地獄主治罪人者臣荅言唯有極惡人能作耳王即遣臣遍求惡人見池水邊有一人長壯黑色髮黃眼青以脚鉤魚口呼禽獸禽獸來便射殺無得脫者得此人已將來與王王密勑之汝作四方高墻內殖

種種華果作好浴池莊嚴校餝令人渴仰牢
作門戶有人入者輒捉種種治罪莫使得出
設使我入亦治罪莫放今拜汝作地獄主有
比丘次第乞食入其門獄卒見之便欲治罪
比丘惶怖求請須臾聽我中食俄頃復有人
入獄卒內置碓臼中擣之赤沫出比丘見已
思惟此身無常苦空如泡如沫即得阿羅漢
既而獄卒捉內鑊湯中比丘心顏欣悅火滅
湯冷中生蓮華比丘坐上獄卒即往白王獄
中奇怪願王往看王言我前有要今不敢往
獄卒言此非小事王宜疾往更改先要王即
隨入比丘為說法王得信解即壞地獄悔前

所作衆惡由是信乗三寶常至貝多樹下悔
過自責受八齋王夫人問王常遊何處群臣
答言恒在貝多樹下夫人伺王不在時遣人
伐其樹倒王來見之迷悶躃地諸臣以水灑
面良久乃蘇王即以塼累四邊以百甖牛乳
灌樹根身四布地作是誓言若樹不生我終
不起誓已樹便即根上而生以至于今今高
減十丈從此南三里行到一山名雞足大迦
葉今在此山中劈山下入入處不容人下入
極遠有旁孔迦葉全身在此中住孔外有迦
葉本洗手土彼方人若頭痛者以此土塗之
即差此山中即日故有諸羅漢住彼方諸國

道人年年往供養迦葉心濃至者夜即有羅漢來共言論釋其疑已忽然不現此山榛木茂盛又多師子虎狼不可妄行法顯還向巴連弗邑順恒水西下十由延得一精舍多曠野佛所住處今現有僧復順恒水西行十二由延到迦尸國波羅㮈城城東北十里許得仙人鹿野苑精舍此苑本有辟支佛住常有野鹿栖宿世尊將成道諸天於空中唱言白淨王子出家學道却後七日當成佛辟支佛聞已即取泥洹故名此處為仙人鹿野苑世尊成道已後人於此處起精舍佛欲度拘驎等五人五人相謂言此瞿曇沙門本六年苦

行曰食一麻一米尚不得道況入人間恣身
口意何道之有今日來者慎勿與語佛到五
人皆起作禮處復北行六十步佛於此東向
坐始轉法輪度拘驎等五人處其北二十步
佛爲弥勒受記處其南五十步翳羅鉢龍問
佛我何時當得免此龍身此處皆起塔見在
中有二僧伽藍悉有僧住自鹿野苑精舍西
北行十三由旬有國名拘睒弥其精舍名瞿
師羅園佛昔住處今故有衆僧多小乗學從
東行八由延佛本於此度惡鬼處亦嘗在此
住經行坐處皆起塔亦有僧伽藍可百餘僧
從此南行二百由延有國名達嚫是過去迦

業佛僧伽藍穿大石山作之凡有五重最下重作象形有五百間石室第二層作師子形有四百間第三層作馬形有三百間第四層作牛形有二百間第五層作鴿形有百間最上有泉水循石室前繞房而流周圍迴曲如是乃至下重順房流從户而出諸層室中處處穿石作窻牖通明室中朗然都無幽暗其室四角頭穿石作梯蹬上處今人形小緣梯上正得至昔人一脚所躡處因名此寺爲波羅越波羅越者天竺名鴿也其寺中常有羅漢住此土丘荒無人民居去山極遠方有村皆是邪見不識佛法沙門婆羅門及諸異學

直　第一張　十八

彼國人民常見人飛來入此寺于時諸國道人欲來禮此寺者彼村人則言汝何以不飛耶我見此間道人皆飛道人方便荅言翅未成耳達嚫國幽嶮道路艱難難知處欲往者要當賫錢貨施彼國王王然後遣人送展轉相付示其逕路法顯竟不得往承彼土人言故說之耳從波羅㮈國東行還到巴連弗邑法顯本求戒律而北天竺諸國皆師師口傳無本可寫是以遠步乃至中天竺於此摩訶衍僧伽藍得一部律是摩訶僧祇衆律佛在世時最初大衆所行也於祇洹精舍傳其本自餘十八部各有師資大歸不異於小小不

同或用開塞但此最是廣說備悉者復得一部抄律可七千偈是薩婆多衆律即此秦地衆僧所行者也亦皆師師口相傳授不書之於文字復於此衆中得雜阿毗曇心可六千偈又得一部綖經二千五百偈又得一卷方等般泥洹經可五千偈又得摩訶僧祇阿毗曇故法顯住此三年學梵書梵語寫律道整既到中國見沙門法則衆僧威儀觸事可觀乃追歎秦土邊地衆僧戒律殘缺誓言自今已去至得佛願不生邊地故遂停不歸法顯本心欲令戒律流通漢地於是獨還順恒水東下十八由延其地岸有瞻波大國佛精舍

經行處及四佛坐處悉起塔現有僧住從此東行近五十由延到多摩梨帝國即是海口其國有二十四僧伽藍盡有僧住佛法亦興法顯住此二年寫經及畫像於是載商人大船汎海西南行得冬初信風晝夜十四日到師子國彼國人云相去可七百由延其國本在洲上東西五十由延南北三十由延左右小洲乃百數其間相去或十里二十里或二百里皆統屬大洲多出珎寶珠璣有出摩尼珠地方可十里王使人守護若有採者十分取三其國本無人民正有鬼神及龍居之諸國商人共市易市易時鬼神不自現身但出

通　法顯　卷　九

寶物題其價直商人則依價置直取物因商
人來往住故諸國人聞其土樂悉亦復來於
是遂成大國其國和適無冬夏之異草木常
茂田種隨人無有時節佛至其國欲化惡龍
以神足力一足躡王城北一足躡山頂兩跡
相去十五由延王於城北跡上起大塔高四
十丈金銀蕐校衆寶合成塔邊復起一僧伽
藍名無畏山有五千僧起一佛殿金銀刻鏤
悉以衆寶中有一青玉像高二丈許通身七
寶炎光威相嚴顯非言所載右掌中有一無
價寶珠法顯去漢地積年所與交接悉異域
人山川草木舉目無舊又同行分披或留或

士顧影唯己心常懷悲忽於此王像邊見商人以晉地一白絹扇供養不覺悽然淚下滿目其國前王遣使中國取貝多樹子於佛殿旁種之高可二十丈其樹東南傾王恐倒故以八九圍柱拄樹樹當拄處心生遂穿柱而下入地成根大可四圍許柱雖中裂猶裹其外人亦不去樹下起精舍有坐像道俗敬仰無倦城中又起佛齒精舍皆七寶作王淨修梵行城內人信敬之情亦篤其國立治已來無有飢荒喪亂衆僧庫藏多有珎寶無價摩尼其王入僧庫遊觀見摩尼珠即生貪心欲奪取之三日乃悟即詣僧中稽首悔前罪心

因白僧言願僧立制自今已後勿聽王入其
城中多居士長者薩薄商人屋宇嚴麗巷陌
平整四衢道頭皆作說法堂月八日十四日
十五日鋪施高座道俗四衆皆集聽法其國
人云都可六萬僧悉有衆食王別於城內供
五六千人衆食須者則持本鉢往取隨器所
容皆滿而還佛齒常以三月中出之未出十
日王莊校大象使一辯說人著王衣服騎象
上擊鼓唱言菩薩從三阿僧祇劫苦行不惜
身命以國妻子及挑眼與人割肉貿鴿截頭
布施投身餓虎不悋髓腦如是種種苦行爲
衆生故成佛在世四十五年說法教化令不

安者安不度者度衆生緣盡乃般泥洹泥洹已來一千四百九十七年世間眼滅衆生長悲却後十日佛齒當出至無畏山精舍國內道俗欲殖福者各各平治道路嚴餝巷陌辦衆華香供養之具如是唱已王便夾道兩邊作菩薩五百身已來種種變現或作須大拏或作睒變或作象王或作鹿馬如是形像皆彩畫莊校狀若生人然後佛齒乃出中道而行隨路供養到無畏精舍佛堂上道俗雲集燒香然燈種種法事晝夜不息滿九十日乃還城內精舍城內精舍至齋日則開門戶禮敬如法無畏精舍東四十里有一山山中有

精舍名跋提可有二千僧僧中有一大德沙
門名達摩瞿諦其國人民皆共宗仰住一石
室中四十許年常行慈心能感虵鼠使同止
一室而不相害城南七里有一精舍名摩訶
毗訶羅有三千僧住有一高德沙門戒行清
潔國人咸疑是羅漢臨終之時王來省視依
法集僧而問比丘得道耶其便以實荅言是
羅漢既終王即案經律以羅漢法葬之於精
舍東四五里積好大薪縱廣可三丈餘高亦
尒近上著栴檀沉水諸香木四邊作階上持
淨好白氎周帀蒙積上作大轝床似此間轜
車但無龍魚耳當闍維時王及國人四衆咸

集以華香供養從轝至墓所王自華香供養
供養訖轝著積上蘇油遍灌然後燒之火然
之時人人敬心各脫上服及羽儀傘蓋遙擲
火中以助闍維闍維已收檢取骨即以起塔
法顯至不及其生存唯見葬時王篤信佛法
欲爲衆僧作新精舍先設大會飯食僧供養
已乃選好上牛一雙金銀寶物莊校角上作
好金犁王自耕頃四邊然後割給民户田宅
書以鐵券自是已後代代相承無敢廢易法
顯在此國聞天竺道人於高座上誦經云佛
鉢本在毗舍離今在揵陁衛竟若干百年法顯
聞誦之時有定歲數但今忘當復至西月氏國若干百年

當至于闐國住若干百年當至屈茨國若干
百年當復來到漢地住若干年當復至師子
國若干百年當還中天竺到中天已當上兜
術天上弥勒菩薩見而嘆曰釋迦文佛鉢至
即共諸天華香供養七日七日已還閻浮提
海龍王持入龍宮至弥勒將成道時鉢還分
爲四復本頻那山上弥勒成道已四天王當
復應念佛如先佛法賢劫千佛共用此鉢鉢
去已佛法漸滅佛法滅後人壽轉短乃至五
歲五歲之時粳米酥油皆悉化滅人民極惡
捉木則變成刀杖共相傷割其中有福者逃
避入山惡人相殺盡已還復來出共相謂言

昔人壽極長但爲惡甚作諸非法故我等壽命遂尒短促乃至五歲我今共行諸善起慈悲心修行仁義如是各行信儀展轉壽倍乃至八萬歲弥勒出世初轉法輪時先度釋迦遺法弟子出家人及受三歸五戒齋法供養三寶者第二第三次度有緣者法顯尒時欲寫此經其人云此無經本我正口誦耳法顯住此國二年更求得弥沙塞律藏本得長阿含雜阿含復得一部雜藏此悉漢土所無者得此梵本已即載商人大船上可有二百餘人後係一小船海行艱嶮以備大船毀壞得好信風東下二日便值大風船漏水入商人

欲趣小船小船上人恐人來多即斫絙斷商
人大怖命在須臾恐船水漏即取麁財貨擲
著水中法顯亦以君墀及澡灌并餘物棄擲
海中但恐商人擲去經像唯一心念觀世音
及歸命漢地衆僧我遠行求法願威神歸流
得到所止如是大風晝夜十三日到一島邊
潮退之後見船漏處即補塞之於是復前海
中多有抄賊遇輒無全大海弥漫無邊不識
東西唯望日月星宿而進若陰雨時爲逐風
去亦無准當夜闇時但見大浪相搏晃然火
色黿鼉水性怪異之屬商人荒遽不知那向
海深無底又無下石住處至天晴已乃知東

西還復望正而進若值伏石則無活路如是九十日許乃到一國名耶婆提其國外道婆羅門興盛佛法不足言停此國五月日復隨他商人大船上亦二百許人賫五十日粮以四月十六日發法顯於船上安居東北行趣廣州一月餘日夜鼓二時遇黑風暴雨商人賈客皆悉惶怖法顯尒時亦一心念觀世音及漢地衆僧蒙威神祐得至天曉曉已諸婆羅門議言坐載此沙門使我不利遭此大苦當下比丘置海島邊不可爲一人令我等危嶮法顯檀越言汝若下此比丘亦并下我不尒便當殺我汝其下此沙門吾到漢地當向

國王言汝也漢地王亦敬信佛法重比丘僧
諸商人躊躇不敢便下于時天多連陰海師
相望僻誤遂經七十餘日粮食水漿欲盡取
海鹹水作食分好水人可得二升遂便欲盡
商人議言常行時正可五十日便到廣州尒
今已過期多日將無僻耶即便西北行求岸
晝夜十二日到長廣郡界牢山南岸便得好
水菜但經涉險難憂懼積日忽得至此岸見
藜藿依然知是漢地然不見人民及行跡未
知是何許或言未至廣州或言已過莫知所
定即乘小船入浦覓人欲問其處得兩獵人
即將歸令法顯譯語問之法顯先安慰之徐

問汝是何人荅言我是佛弟子又問汝入山何所求其便詭言明當七月十五日欲取桃臘佛又問此是何國荅言此青州長廣郡界統屬晉家聞已商人歡喜即乞其財物遣人往長廣太守李嶷敬信佛法聞有沙門持經像乘船汎海而至即將人從至海邊迎接經像歸至郡治商人於是還向楊州劉法青州請法顯一冬一夏坐訖法顯遠離諸師久欲趣長安但所營事重遂便南下向都就禪師出律法顯發長安六年到中國停六年還三年達青州凡所遊歷減三十國沙河已西迄于天竺衆僧威儀法化之美不可詳說竊

惟諸師來得備聞是以不顧微命浮海而還艱難具更幸蒙三尊威靈危而得濟故竹陌跡所經歷欲令賢者同其聞見

是歲甲寅晉義熙十二年歲在壽星夏安居末迎法顯道人既至留共冬齋因講集之際重問遊歷其人恭順言輒依實由是先所略者勸令詳載顯復具敘始末自云顧尋所經不覺心之汗流所以乘危履嶮不惜此形者蓋是志有所存專其愚直故投命於不必全之地以達萬一之冀於是感歎斯人以為古今罕有自大教東流未有忘身求法如顯之比然後知誠之所感無窮否而不通志之所

將無功業而不成㕥大功業者豈不由忘失
所重重夫所忘者哉
閩縣[illegible]貞里[illegible]師文與室中薛氏十娘謹施淨財開
通字經板一函流通聖教冬日爲自身祈保平安以延壽算者

法顯傳一卷　廿三[illegible]　通

〔永樂北藏〕佛國記

〔永樂北藏〕佛國記

〔晋〕法顯 撰

明永樂十九年至正統五年刻萬曆續刻《永樂北藏》本

御製
大明萬曆七年六月吉日

法顯傳一卷　　　　徵一

東晉沙門法顯自記遊天竺事

法顯昔在長安慨律藏殘缺於是遂以弘始二年歲在己亥與慧景道整慧應慧嵬等同契至天竺尋求戒律初發跡長安度隴至乾歸國夏坐夏坐訖前行至耨檀國度養樓山至張掖鎮張掖大亂道路不通張掖王慇懃遂留爲作檀越於是與智嚴慧簡僧紹寶雲僧景等相遇欣於同志便共夏坐夏坐訖復進到燉煌有塞東西可八十里南北四十里

共停一月餘日法顯等五人隨使先發復與寶雲等別燉煌太守李浩供給度沙河沙河中多有惡鬼熱風遇則皆死無一全者上無飛鳥下無走獸遍望極目欲求度處則莫知所擬唯以死人枯骨爲標幟耳行十七日計可千五百里得至鄯善國其地崎嶇薄瘠俗人衣服粗與漢地同但以氈褐爲異其國王奉法可有四千餘僧悉小乘學諸國俗人及沙門盡行天竺法但有精麤從此西行所經諸國類皆如是唯國國胡語不同然出家人

皆習天竺書天竺語住此一月日復西北行
十五日到僞夷國僞夷國僧亦有四千餘人
皆小乘學法則齊整秦土沙門至彼都不預
其僧例法顯得符行堂公孫經理住二月餘
日於是還與寶雲等共爲僞夷國人不修禮
義遇客甚薄智嚴慧簡慧嵬遂返向高昌欲
求行資法顯等蒙符公孫供給遂得直進西
南行路中無居民涉行艱難所經之苦人理
莫比在道一月五日得到于闐其國豐樂人
民殷盛盡皆奉法以法樂相娛衆僧乃數萬

人多大乘學皆有衆食彼國人民星居家家門前皆起小塔最小者可高二丈許作四方僧房供給客僧及餘所須國主安堵法顯等於僧伽藍僧伽藍名瞿摩帝是大乘寺三千僧共揵椎食入食堂時威儀齊肅次第而坐一切寂然器鉢無聲淨人益食不得相喚但以手指麾慧景道整慧達先發向竭叉國法顯等欲觀行像停三月日其國中十四大僧伽藍不數小者從四月一日城裏便掃灑道路莊嚴巷陌其城門上張大幃幕事事嚴飾

王及夫人采女皆住其中瞿摩帝僧是大乘
學王所敬重最先行像離城三四里作四輪
像車高三丈餘狀如行殿七寶莊校懸繒幡
蓋像立車中二菩薩侍作諸天侍從皆金銀
彫瑩懸於虛空像去門百步王脫天冠易著
新衣徒跣持華香翼從出城迎像頭面禮足
散華燒香像入城時門樓上夫人采女遥散
衆華紛紛而下如是莊嚴供具車車各異一
僧伽藍則一日行像四月一日爲始至十四
日行像乃訖行像訖王及夫人乃還宮耳其

城西七八里有僧伽藍名王新寺作來八十年經三王方成可高二十五丈彫文刻鏤金銀覆上衆寳合成塔後作佛堂莊嚴妙好梁柱戶扇窻牖皆以金薄别作僧房亦嚴麗整飾非言可盡嶺東六國諸王所有上價寶物多作供養人用者少既過四月行像僧韶一人隨胡道人向罽賓法顯等進向子合國在道二十五日便到其國國王精進有千餘僧多大乘學住此十五日已於是南行四日入葱嶺山到於麾國安居安居已止行二十五

日到竭叉國與慧景等合值其國王作般遮越師般遮越師漢言五年大會也會時請四方沙門皆來雲集已莊嚴衆僧坐處懸繒旛蓋作金銀蓮華著繒座後鋪淨坐具王及羣臣如法供養或一月二月或三月多在春時王作會已復勸諸羣臣設供供養或一日二日三日五日供養都畢王以所乘馬鞍勒自副使國中貴重臣騎之并諸白氎種種珍寶沙門所須之物共諸羣臣發願布施布施已還從僧贖其地山寒不生餘穀唯熟麥耳衆

僧受歲已其晨輒霜故其王每讚衆僧令麥熟然後受歲其國中有佛唾壺以石作色似佛鉢又有佛一齒國人爲佛齒起塔有千餘僧盡小乘學自山以東俗人被服粗類秦土亦以氈褐爲異沙門法用轉轉勝不可具記其國當葱嶺之中自葱嶺已前草木果實皆異唯竹及安石榴甘蔗三物與漢地同耳從此西行向北天竺在道一月得度葱嶺葱嶺冬夏有雪又有毒龍若失其意則吐毒風雨雪飛沙礫石遇此難者萬無一全彼土人人

即名爲雪山人也度嶺已到北天竺始入其
境有一小國名陀歷亦有衆僧皆小乘學其
國昔有羅漢以神足力將一巧匠上兜術天
觀彌勒菩薩長短色貌還下刻木作像前後
三上觀然後乃成像長八丈足趺八尺齋日
常有光明諸國王競興供養今故現在於此
順嶺西南行十五日其道艱岨崖岸嶮絶其
山唯石壁立千仞臨之目眩欲進則投足無
所下有水名新頭河昔人有鑿石通路施傍
梯者凡度七百度梯已躡懸絙過河河兩岸

相去減八十步九驛所記漢之張騫甘英皆不至衆僧問法顯佛法東過其始可知耶顯云訪問彼土人皆云古老相傳自立彌勒菩薩像後便有天竺沙門賫經律過此河者像立在佛泥洹後三百許年計於周氏平王時由兹而言大教宣流始自此像非夫彌勒大士繼軌釋迦孰能令三寶宣通邊人識法固知冥運之開本非人事則漢明之夢有由而然矣度河便到烏萇國烏萇國是正北天竺也盡作中天竺語中天竺所謂中國俗人衣

服飲食亦與中國同佛法甚盛名衆僧住止處爲僧伽藍凡有五百僧伽藍皆小乘學若有客比丘到悉供養三日三日過已乃令自求所安常傳言佛至北天竺即到此國已佛遺足跡於此跡或長或短在人心念至今猶

爾及曬衣石度惡龍處亦悉現在石高丈四闊二丈許一邊平慧景道整慧達三人先發向佛影那竭國法顯等住此國夏坐坐訖南下到宿呵多國其國佛法亦盛昔天帝釋試菩薩化作鷹鴿割肉貿鴿處佛即成道與諸

弟子遊行語云此本是吾割肉貿鴿處國人由是得知於此處起塔金銀校飾從此東下五日行到揵陀衛國是阿育王子法益所治處佛爲菩薩時亦於此國以眼施人其處亦起大塔金銀校飾此國人多小乘學自此東行七日有國名竺刹尸羅竺刹尸羅漢言截頭也佛爲菩薩時於此處以頭施人故因以爲名復東行二日至投身餧餓虎處此二處亦起大塔皆衆寶校飾諸國王臣民競興供養散華然燈相繼不絶通上二塔彼方人亦

名爲四大塔也從揵陀衞國南行四日到弗
樓沙國佛昔將諸弟子遊行此國語阿難云
吾般泥洹後當有國王名罽膩伽於此處起
塔後膩伽王出世出行遊觀時天帝釋欲開
發其意化作牧牛小兒當道起塔王問言汝
作何等荅曰作佛塔王言大善於是王即於
小兒塔上起塔高四十餘丈衆寶校飾凡所
經見塔廟壯麗威嚴都無此比傳云閻浮提
塔唯此爲上王作塔成已小塔即自傍出大
塔南高三尺許佛鉢即在此國昔月氏王大

興兵衆來伐此國欲取佛鉢既伏此國已月氏王篤信佛法欲持鉢去故興供養供養三寶畢乃校飾大象置鉢其上象便伏地不能得前更作四輪車載鉢八象共牽復不能進王知與鉢緣未至深自愧歎即於此處起塔及僧伽藍并留鎮守種種供養可有七日餘僧日將中衆僧則出鉢與白衣等種種供養然後中食至暮燒香時復爾可容二斗許雜色而黒多四際分明厚可二分瑩徹光澤貧人以少華投中便滿有大富者欲以多華而

供養正復百千萬斛終不能滿寶雲僧景只供養佛鉢便還慧景慧達道整先向那竭國供養佛影佛齒及頂骨慧景病道整住看慧達一人還於弗樓沙國相見而慧達寶雲僧景遂還秦土慧景應在佛鉢寺無常由是法顯獨進向佛頂骨所西行十六由延便至那竭國界醯羅城中有佛頂骨精舍盡以金薄七寶校飾國王敬重頂骨慮人抄奪乃取國中豪姓八人人持一印印封守護清晨八人俱到各視其印然後開戶開戶已以香汁洗

手出佛頂骨置精舍外高座上以七寶圓碪碪下瑠璃鍾覆上皆珠璣校飾骨黄白色方圓四寸其上隆起每日出後精舍人則登高樓擊大鼓吹螺敲銅鈸王聞已則詣精舍以華香供養供養已次第頂戴而去從東門入西門出王朝朝如是供養禮拜然後聽國政居士長者亦先供養乃修家事日日如是初無懈惓供養都訖乃還頂骨於精舍中有七寶解脱塔或開或閉高五尺許以盛之精舍門前朝朝恒有賣華香人凡欲供養者種種

買焉諸國王亦恒遣使供養精舍處方四十步雖復天震地裂此處不動從此北行一由延到那竭國城是菩薩本以銀錢買五莖華供養定光佛處城中亦有佛齒塔供養如頂骨法城東北一由延到一谷口有佛錫杖亦起精舍供養杖以牛頭栴檀作長丈六七許以木筒盛之正復百千人舉不能移入谷口四日西行有佛僧伽梨精舍供養彼國土亢旱時國人相率出衣禮拜供養天即大雨那竭城南半由延有石室博山西南向佛留影

此中去十餘步觀之如佛真形金色相好光明炳著轉近轉微髣髴如有諸方國王遣工畫師模寫莫能及彼國人傳云千佛盡當於此留影影西百步許佛在時剃髮剪爪佛自與諸弟子共造塔高七八丈以為將來塔法今猶在邊有寺寺中有七百餘僧此處有諸羅漢辟支佛塔乃千數住此冬三月法顯等三人南度小雪山雪山冬夏積雪山北陰中遇寒風暴起人皆噤戰慧景一人不堪復進口出白沫語法顯云我亦不復活便可時去

勿得俱死於是遂終法顯撫之悲號本圖不果命也奈何復自力前得過嶺南到羅夷國近有三千僧兼大小乘學住此夏坐坐訖南下行十日到跋那國亦有三千許僧皆小乘學從此東行三日復渡新頭河兩岸皆平地過河有國名毗荼佛法興盛兼大小乘學見秦道人往乃大憐愍作是言如何邊地人能知出家爲道遠求佛法悉供給所須待之如法從此東南行減八十由延經歷諸寺甚多僧衆萬數過是諸處已到一國國名摩頭羅

又經捕那河河邊左右有二十僧伽藍可有三千僧佛法轉盛凡沙河已西天竺諸國國王皆篤信佛法供養衆僧時則脫天冠共諸宗親羣臣手自行食行食已鋪氈於地對上座前坐於衆僧前不敢坐床佛在世時諸王供養法式相傳至今從是以南名爲中國中國寒暑調和無霜雪人民殷樂無戶籍官法唯耕王地者乃輸地利欲去便去欲住便住王治不用刑罔有罪者但罰其錢隨事輕重雖復謀爲惡逆不過截右手而已王之侍衛

左右皆有供禄舉國人民悉不殺生不飲酒不食葱蒜唯除旃荼羅旃荼羅名爲惡人與人別居若入城市則擊木以自異人則識而避之不相搪揬國中不養豬雞不賣生口市無屠估及酤酒者貨易則用貝齒唯旃荼羅獵師賣肉耳自佛般泥洹後諸國王長者居士爲衆僧起精舍供養供給田宅園圃民戸牛犢鐵券書録後王王相傳無敢廢者至今不絶衆僧住止房舍床褥飲食衣服都無缺乏處處皆爾衆僧常以作功德爲業及誦經

坐禪客僧往到舊僧迎逆代擔衣鉢給洗足水塗足油與非時漿須臾息已復問其臘數次第得房舍卧具種種如法衆僧住處作舍利弗塔目連阿難塔并阿毗曇律經塔安居後一月諸希福之家勸化供養僧作非時漿衆僧大會說法說法已供養舍利弗塔種種香華通夜然燈使彼人作舍利弗本婆羅門時詣佛求出家大目連大迦葉亦如是諸比丘尼多供養阿難塔以阿難請世尊聽女人出家故諸沙彌多供養羅云阿毗曇師者供

養阿毗曇律師者供養律年年一供養各自
有日摩訶衍人則供養般若波羅蜜文殊師
利觀世音等衆僧受歲竟長者居士婆羅門
等各持種種衣物沙門所須以布施僧衆僧
亦自各各布施佛泥洹已來聖衆所行威儀
法則相承不絶自渡新頭河至南天竺迄于
南海四五萬里皆平坦無大山川正有河水
從此東南行十八由延有國名僧伽施佛上
忉利天三月爲母說法來下處佛上忉利天
以神通力都不使諸弟子知未滿七日乃放

神足阿那律以天眼遙見世尊即語尊者大目連汝可往問訊世尊目連即往頭面禮足共相問訊問訊已佛語目連吾却後七日當下閻浮提目連既還手時八國大王及諸臣民不見佛久咸皆渴仰雲集此國以待世尊時優鉢羅比丘尼即自心念今日國王臣民皆當奉迎佛我是女人何由得先見佛即以神足化作轉輪聖王最前禮佛佛從忉利天上來向下下時化作三道寶階佛在中道七寶階上行梵天王亦化作白銀階在右邊執

白拂而侍天帝釋化作紫金階在左邊執七寶蓋而侍諸天無數從佛下佛既下三階俱沒於地餘有七級現後阿育王欲知其根際遣人掘看下至黃泉根猶不盡王益信敬即於階上起精舍當中階作丈六立像精舍後立石柱高三十肘上作師子柱內四邊有佛像內外映徹淨若瑠璃有外道論師與沙門諍此住處時沙門理屈於是共立誓言此處若是沙門住處者今當有靈驗作是言已柱頭師子乃大鳴吼見證於是外道懼怖心伏

而退佛以受天食三月故身作天香不同世人即便浴身後人於此處起浴室浴室猶在優鉢羅比丘尼初禮佛處今亦起塔佛在世時有剪髮爪作塔及過去三佛幷釋迦文佛坐處經行處及作諸佛形像處盡有塔今悉在天帝釋梵天王從佛下處亦起塔此處僧及尼可有千人皆同衆食雜大小乘學住處一白耳龍與此衆僧作檀越令國內豐熟雨澤以時無諸災害使衆僧得安衆僧感其惠故爲作龍舍敷置坐處又爲龍設福食供養

衆僧日日衆中別差三人到龍舍中食每至
夏坐訖龍輙化形作一小蛇兩耳邊白衆僧
識之銅盂盛酪以龍置中從上座至下座行
之似若問訊遍便化去年年一出其國豐饒
人民熾盛最樂無比諸國人來無不經理供

給所須寺北五十由延有一寺名火境火境
者惡鬼名也佛本化是惡鬼後人於此處起
精舍以精舍布施阿羅漢以水灌手水瀝滴
地其處故在正復掃除常現不滅此處別有
佛塔善鬼神常掃灑初不須人工有邪見國

王言汝能如是者我當多將兵衆住此益積糞穢汝復能除不鬼神即起大風吹之令淨此處有百枚小塔人終日數之不能得知若至意欲知者便一塔邊置一人已復計數人人或多或少其不可得知有一僧伽藍可六七百僧此中有辟支佛食處泥洹地大如車輪餘處生草此處獨不生及曬衣地處亦不生草衣條著地跡今故現在法顯住龍精舍夏坐坐訖東南行七由延到罽饒夷城城接恒水有二僧伽藍盡小乘學去城西六七里

恒水北岸佛為諸弟子說法處傳云說無常
苦說身如泡沫等此處起塔猶在度恒水南
行三由延到一林名呵梨佛於此中說法經
行坐處盡起塔從此東南行十由延到沙祇
大國出沙祇城南門道東佛本在此嚼楊枝
刺土中即生長七尺不增不減諸外道婆羅
門嫉妬或斫或拔遠棄之其處續生如故此
中亦有四佛經行坐處起塔故在從此南行
八由延到拘薩羅國舍衛城城內人民希曠
都有二百餘家即波斯匿王所治城也大愛

道故精舍處須達長者井壁及鴦掘魔得道般泥洹燒身處後人起塔皆在此城中諸外道婆羅門生嫉妬心欲毀壞之天即雷電霹靂終不能得壞出城南門千二百步道西長者須達起精舍精舍東向開門戶兩廂有二石柱左柱上作輪形右柱上作牛形池流清淨林木尚茂衆華異色蔚然可觀即所謂祇洹精舍也佛上忉利天爲母說法九十日波斯匿王思見佛即刻牛頭栴檀作佛像置佛坐處佛後還入精舍像即避出迎佛佛言還

坐吾般泥洹後可爲四部衆作法式像即還
坐此像最是衆像之始後人所法者也佛於
是移住南邊小精舍與像異處相去二十步
祇洹精舍本有七層諸國王人民競興供養
懸繒旛蓋散華燒香然燈續明日日不絕鼠

銜燈炷燒花旛蓋遂及精舍七重都盡諸國
王人民皆大悲惱謂栴檀像已燒却後四五
日開東小精舍戶忽見本像皆大歡喜共治
精舍得作兩重還移像本處法顯道整初到
祇洹精舍念昔世尊住此二十五年自傷生

在邊夷共諸同志遊歷諸國而或有還者或有無常者今日乃見佛空處愴然心悲彼衆僧出問顯等言汝從何國來荅云從漢地來彼衆僧歎曰奇哉邊地之人乃能求法至此自相謂言我等諸師和尚相承已來未見漢道人來到此也精舍西北四里有榛名曰得眼本有五百盲人依精舍住此佛為說法盡還得眼盲人歡喜刺杖著地頭面作禮杖遂生長大世人重之無敢伐者遂成為榛是故以得眼為名祇洹衆僧中食後多往彼榛中

坐禪祇洹精舍東北六七里毗舍佉母作精舍請佛及僧此處故在祇洹精舍大園落有二門一門東向一門北向此園即須達長者布金錢買地處也精舍當中央佛住此處最久說法度人經行坐處亦盡起塔皆有名字乃孫陀利殺身謗佛處出祇洹東門北行七十步道西佛昔共九十六種外道論議國王大臣居士人民皆雲集而聽時外道女名旃遮摩那起嫉妬心及懷衣著腹前似若妊身於衆會中謗佛以非法於是天帝釋即化作

白鼠齧其腰帶斷所懷衣墮地地即劈裂生
入地獄及調達毒爪欲害佛生入地獄處後
人皆標識之又於論議處起精舍精舍高六
丈許裏有坐佛其道東有外道天寺名曰影
覆與論議處精舍夾道相對亦高六丈許所
以名影覆者日在西時世尊精舍影則映外
道天寺日在東時外道天寺影則北映終不
得映佛精舍也外道常遣人守其天寺掃灑
燒香然燈供養至明旦其燈輙移在佛精舍
中婆羅門恚言諸沙門取我燈自供養佛爲

爾不止婆羅門於是夜自伺候見其所事天神持燈繞佛精舍三帀供養佛已忽然不見婆羅門乃知佛神大即捨家入道傳云近有此事繞祇洹精舍有九十八僧伽藍盡有僧住處唯一處空此中國有九十六種外道皆知今世各有徒衆亦皆乞食但不持鉢亦復求福於曠路側立福德舍屋宇床卧飲食供給行路人及出家人來去客但所期異耳調達亦有衆在供養過去三佛唯不供養釋迦文佛舍衛城東南四里瑠璃王欲伐舍夷國

世尊當道側立立處起塔城西五十里到一邑名都維是迦葉佛本生處父子相見處般泥洹處皆悉起塔迦葉如來全身舍利亦起大塔從舍衛城東南行十二由延到一邑名那毗伽是拘樓秦佛所生處父子相見處般泥洹處亦有僧伽藍起塔從此北行減一由延到一邑是拘那含牟尼佛所生處父子相見處般泥洹處亦皆起塔從此東行減一由延到迦維羅衛城城中都無王民甚如坵荒只有衆僧民戶數十家而已白淨王故宮處

作太子母形像乃太子乘白象入母胎時太子出城東門見病人迴車還處皆起塔阿夷相太子處與難陀等撲象捔射處箭東南去三十里入地令泉水出後世人治作井令行人飲之佛得道還見父王處五百釋子出家向優波離作禮地六種震動處佛爲諸天説法四天王守四門父王不得入處佛在尼拘律樹下東向坐大愛道布施佛僧伽梨處此樹猶在瑠璃王殺釋種子釋種子先盡得須陀洹立塔今亦在城東北數里有王田太子

樹下觀耕者處城東五十里有王園園名論
民夫人入池洗浴出池北岸二十步舉手攀
樹枝東向生太子太子墮地行七步二龍王
浴太子身浴處遂作井及上洗浴池今衆僧
常取飲之凡諸佛有四處常定一者成道處
二者轉法輪處三者說法論議伏外道處四
者上忉利天爲母說法來下處餘則隨時示
現焉迦維羅衞國大空荒人民希踈道路怖
畏白象師子不可妄行從佛生處東行五由
延有國名藍莫此國王得佛一分舍利還歸

起塔即名藍莫塔塔邊有池池中有龍常守
護此塔晝夜供養阿育王出世欲破八塔作
八萬四千塔破七塔已次欲破此塔龍便現
身持阿育王入其宮中觀諸供養具已語王
言汝供若能勝是便可壞之持去吾不與汝
爭阿育王知其供養具非世之有於是便還
此中荒蕪無人灑掃常有羣象以鼻取水灑
地取雜華香而供養塔諸國有道人來欲禮
拜塔遇象大怖依樹自翳見象如法供養道
人大自悲感此中無有僧伽藍可供養此塔

乃令象灑掃道人即捨大戒還作沙彌自挽
草木平治處所使得淨潔勸化國王作僧住
處已爲寺今現有僧住此事在近自爾相承
至今恒以沙彌爲寺主從此東行三由延大
子遣車匿白馬還處亦起塔從此東行四由
延到炭塔亦有僧伽藍復東行十二由延到
拘夷那竭城城北雙樹間希連河邊世尊於
此北首而般泥洹及須跋最後得道處以金
棺供養世尊七日處金剛力士放金杵處八
王分舍利處諸處皆起塔有僧伽藍今悉現

在其城中人民亦稀曠止有衆僧民戶從此東南行十二由延到諸梨車欲逐佛般泥洹處而佛不聽戀佛不肯去佛化作大深塹不得渡佛與鉢作信遣還其家立石柱上有銘題自此東行五由延到毗舍離國毗舍離城北大林重閣精舍佛住處及阿難半身塔其城裏本菴婆羅女家爲佛起塔今故現在城南三里道西菴婆羅女以園施佛作佛住處佛將般泥洹與諸弟子出毗舍離城西門迴身右轉顧看毗舍離城告諸弟子是吾最後

所行處後人於此處起塔城西北三里有塔名放弓仗以名此者恒水上流有一國王王小夫人生一肉胎大夫人妬之言汝生不祥之徵即盛以木函擲恒水中下流有國王遊觀見水上木函開看見千小兒端正殊特王即取養之遂便長大甚勇健所往征伐無不摧伏次伐父王本國王大愁憂小夫人問王何故愁憂王曰彼國王有千子勇健無比欲求伐吾國是以愁耳小夫人言王勿愁憂但於城東作高樓賊來時置我樓上則我能却

之王如其言至賊到時小夫人於樓上語賊
言汝是我子何故作反逆事賊曰汝是何人
云是我母小夫人曰汝等若不信者盡仰向
張口小夫人即以兩手搆兩乳乳各作五百
道墮千子口中賊知是我母即放弓仗二父
王於是思惟皆得辟支佛二辟支佛塔猶在
後世尊成道告諸弟子是吾昔時放弓仗處
後人得知於此立塔故以名焉千小兒者即
賢劫千佛是也佛於放弓仗塔邊告阿難言
我却後三月當般泥洹魔王嬈固阿難使不

得請佛住世從此東行三四里有塔佛般泥洹後百年有毗舍離比丘錯行戒律十事證言佛說如是爾時諸羅漢及持戒律比丘凡夫者有七百僧更檢校律藏後人於此處起塔今亦在從此東行四由延到五河合口阿

難從摩竭國向毗舍離欲般涅槃諸天告阿闍世王即自嚴駕將士衆追到河上毗舍離諸梨車聞阿難來亦復來迎俱到河上阿難思惟前則阿闍世王致恨還則梨車復怨則於河中央入火光三昧燒身而般泥洹分身

作二分一分在一岸邊於是二王各得半身
舍利還歸起塔度河南下一由延到摩竭提
國巴連弗邑巴連弗邑是阿育王所治城中
王宮殿皆使鬼神作累石起墻闕雕文刻鏤
非世所造今故現在阿育王弟得羅漢道常
住耆闍崛山志樂閑靜王敬心請於家供養
以樂山靜不肯受請王語弟言但受我請當
爲汝於城裏作山王乃具飲食召諸鬼神而
告之曰明日悉受我請無坐席各自賫來明
日諸大鬼神各持大石來辟方四五步坐訖

即使鬼神累作大石山又於山底以五大方石作石室可長三丈廣二丈高丈餘有一大乘婆羅門子名羅汰私婆迷住此城裏爽悟多智事無不達以清淨自居國王宗敬師事若往問訊不敢並坐王設以愛敬心執手執

手已婆羅門輒自灌洗年可五十餘舉國瞻仰賴此一人弘宣佛法外道不能得加陵衆僧於阿育王塔邊造摩訶衍僧伽藍甚嚴麗亦有小乘寺都合六七百僧衆威儀庠序可觀四方高德沙門及學問人欲求義理皆詣

此寺婆羅門子師亦名文殊師利國內大德
沙門諸大乘比丘皆宗仰焉亦住此僧伽藍
凡諸中國唯此國城邑爲大民人富盛競行
仁義年年常以建卯月八日行像作四輪車
縛竹作五層有承櫨揠戟高二丈餘許其狀
如塔以白氎纏上然後彩畫作諸天形像以
金銀瑠璃莊校其上懸繒旛蓋四邊作龕皆
有坐佛菩薩立侍可有二十車車車莊嚴各
異當此日境內道俗皆集作倡伎樂華香供
養婆羅門子來請佛佛次第入城入城內再

宿通夜然燈伎樂供養國國皆爾其國長者居士各於城中立福德醫藥舍凡國中貧窮孤獨殘跛一切病人皆詣此舍種種供給醫師看病隨宜飲食及湯藥皆令得安差者自去阿育王壞七塔作八萬四千塔最初所作大塔在城南三里餘此塔前有佛脚跡起精舍戶北向塔塔南有一石柱圍丈四五高三丈餘上有銘題云阿育王以閻浮提布施四方僧還以錢贖如是三反塔北三四百步阿育王本於此作泥犁城中央有石柱亦高三

丈餘上有師子柱上有銘記作泥犁城因緣
及年數日月從此東南行九由延至一小孤
石山山頭有石室石室南向佛坐其中天帝
釋將天樂般遮彈琴樂佛處帝釋以四十二
事問佛一一以指畫石畫跡故在此中亦有
僧伽藍從此西南行一由延到那羅聚落是
舍利弗本生村舍利弗還於此村中般泥洹
即此處起塔今亦現在從此西行一由延到
王舍新城新城者是阿闍世王所造中有二
僧伽藍出城西門三百步阿闍世王得佛一

分舍利起塔高大嚴麗出城南四里南向入谷至五山裏五山周圍狀若城郭即是蓱沙王舊城城東西可五六里南北七八里舍利弗目連初見頞鞞處尼揵子作火坑毒飯請佛處阿闍世王酒飲黑象欲害佛處城東北角曲中耆舊於菴婆羅園中起精舍請佛及千二百五十弟子供養處今故在其城中空荒無人住入谷搏山東南上十五里到耆闍崛山未至頭三里有石窟南向佛本於此坐禪西北三十步復有一石窟阿難於中坐禪

天魔波旬化作鵰鷲住窟前恐阿難佛以神
足力隔石舒手摩阿難肩怖即得止鳥跡手
孔今悉存故曰鵰鷲窟山窟前有四佛坐處
又諸羅漢各各有石窟坐禪處動有數百佛
在石室前東西經行調達於山北嶮巇間横
擲石傷佛足指處石猶在佛說法堂已毀壞
止有塼壁基在其山峯秀端嚴是五山中最
高法顯於新城中買香華油燈倩二舊比丘
送法顯上耆闍崛山華香供養然燈續明慨
然悲傷收淚而言佛昔於此住說首楞嚴法

顯生不值佛但見遺跡處所而已即於石窟
前誦首楞嚴停止一宿還向新城出舊城北
行三百餘步道西迦蘭陀竹園精舍今現在
衆僧掃灑精舍北二三里有尸摩賒那尸摩
賒那者漢言棄死人墓田搏南山西行三百
步有一石室名賓波羅窟佛食後常於此坐
禪又西行五六里山北陰中有一石室名車
帝佛泥洹後五百阿羅漢結集經處出經時
鋪三空座莊嚴校飾舍利弗在左目連在右
五百數中少一阿羅漢大迦葉爲上座時阿

難在門外不得入其處起塔今亦在得山亦
有諸羅漢坐禪石窟甚多出舊城北東下三
里有調達石窟離此五十步有大方黑石昔
有比丘在上經行思惟是身無常苦空得不
淨觀猒患是身即捉刀欲自殺復念世尊制
戒不得自殺又念雖爾我今但欲殺三毒賊
便以刀自刎始傷肉得須陀洹既半得阿那
含斷已成阿羅漢果般泥洹從此西行四由
延到伽耶城城內亦空荒復南行二十里到
菩薩本苦行六年處處有林木從此西行三

里到佛入水洗浴天按樹枝得攀出池處人北行二里得彌家女奉佛乳糜處從此北行二里佛於一大樹下石上東向坐食糜樹石今悉在石可廣長六尺高二尺許中國寒暑均調樹木或數千歲乃至萬歲從此東北行半由延到一石窟菩薩入中西向結跏趺坐心念若我成道當有神驗石壁上即有佛影現長三尺許今猶明亮時天地大動諸天在空中白言此非過去當來諸佛成道處去此西南行減半由延貝多樹下是過去當來諸

佛成道處諸天說是語已即便在前唱導導
引而去菩薩起行離樹三十步天授吉祥草
菩薩受之復行十五步五百青雀飛來繞菩
薩三帀而去菩薩前到貝多樹下敷吉祥草
東向而坐時魔王遣三玉女從北來試魔王

自從南來試菩薩以足指按地魔兵退散三
女變老自上苦行六年處及此諸處後人皆
於中起塔立像今皆在佛成道已七日觀樹
受解脫樂處佛於貝多樹下東西經行七日
處諸天化作七寶臺供養佛七日處文鱗盲

龍七日繞佛處佛於尼拘律樹下方石上東向坐梵天來請佛處四天王奉鉢處五百賈客授麨蜜處度迦葉兄弟師徒千人處此諸處亦起塔佛得道處有三僧伽藍皆有僧住衆僧民戶供給繞足無所乏少戒律嚴峻威儀坐起入衆之法佛在世時聖衆所行以至于今佛泥洹已來四大塔處相承不絕四大塔者佛生處得道處轉法輪處般泥洹處阿育王昔作小兒時當道戲遇釋迦佛行乞食小兒歡喜即以一掬土施佛佛持還泥經行

地因此果報作鐵輪王王閻浮提乘鐵輪案
行閻浮提見鐵圍兩山間地獄治罪人即問
羣臣此是何等荅言是鬼王閻羅治罪人王
自念言鬼王尚能作地獄治罪人我是人主
何不作地獄治罪人耶即問臣等誰能爲我
作地獄主治罪人者臣荅言唯有極惡人能
作耳王即遣臣遍求惡人見泄水邊有一長
壯黑色髮黄眼青以脚鉤兼魚口呼禽獸禽
獸來便射殺無得脫者得此人已將來與王
王密勑之汝作四方高墻内殖種種華果作

好浴池莊嚴校飾令人渴仰牢作門戶有人
入者輙捉種種治罪莫使得出設使我入亦
治罪莫放令拜汝作地獄主有比丘次第乞
食入其門獄卒見之便欲治罪比丘惶怖求
請須臾聽我中食俄頃復有人入獄卒內置
碓臼中擣之赤沫出比丘見已思惟此身無
常苦空如泡如沫即得阿羅漢既而獄卒捉
內鑊湯中比丘心顏欣悦火滅湯冷中生蓮
華比丘坐上獄卒即往白王獄中奇恠願王
往看王言我前有要令不敢往獄卒言此非

小事王宜疾往更改先要王即隨入比丘爲
說法王得信解即壞地獄悔前所作衆惡由
是信重三寶常至貝多樹下悔過自責受八
齋王夫人問王常遊何處羣臣答言恒在貝
多樹下夫人伺王不在時遣人伐其樹倒王
來見之迷悶躃地諸臣以水灑面良久乃穌
王即以塼累四邊以百罌乳灌樹根身四
布地作是誓言若樹不生我終不起誓已樹
便即根上而生以至于今今高減十丈從此
南三里行到一山名雞足大迦葉今在此山

中劈山下入入處不容人下入極遠有旁孔迦葉全身在此中住孔外有迦葉本洗手土彼方人若頭痛者以此土塗之即差此山中即日故有諸羅漢住彼方諸國道人年年往供養迦葉心濃至者夜即有羅漢來共言論

釋其疑已忽然不現此山榛木茂盛又多師子虎狼不可安行法顯還向巴連弗邑順恒水西下十由延得一精舍名曠野佛所住處今現有僧復順恒水西行十二由延到迦尸國波羅㮈城城東北十里許得仙人鹿野苑

精舍此苑本有辟支佛住常有野鹿栖宿世
尊將成道諸天於空中唱言白淨王子出家
學道却後七日當成佛辟支佛聞已即取泥
洹故名此處爲仙人鹿野苑世尊成道已後
人於此處起精舍佛欲度拘驎等五人五人
相謂言此瞿曇沙門本六年苦行日食一麻
一米尚不得道況入人間恣身口意何道之
有今日來者慎勿與語佛到五人皆起作禮
處復北行六十步佛於此東向坐始轉法輪
度拘驎等五人處其北二十步佛爲彌勒授

記處其南五十步翳羅鉢龍問佛我何時當得免此龍身此處皆起塔見在中有二僧伽藍悉有僧住自鹿野苑精舍西北行十三由延有國名拘睒彌其精舍名瞿師羅園佛昔住處今故有衆僧多小乘學從東行八由延佛本於此度惡鬼處亦嘗在此住經行坐處皆起塔亦有僧伽藍可百餘僧從此南行二百由延有國名達嚫是過去迦葉佛僧伽藍穿大石山作之凡有五重最下重作象形有五百間石室第二層作師子形有四百間第

三層作馬形有三百間第四層作牛形有二
百間第五層作鴿形有百間最上有泉水循
石室前繞房而流周圍迴曲如是乃至下重
順房流從戶而出諸層室中處處穿石作窻
牖通明室中朗然都無幽暗其室四角頭穿

石作梯隥上處令人形小緣梯上正得至昔
人一脚所躡處因名此寺為波羅越波羅越
者天竺名鴿也其寺中常有羅漢住此土丘
荒無人民居去山極遠方有村皆是邪見不
識佛法沙門婆羅門及諸異學彼國人民常

見人飛來入此寺于時諸國道人欲來禮此寺者彼村人則言汝何以不飛耶我見此間道人皆飛道人方便答言翅未成耳達嚫國險道路艱難而知處欲往者要當賚錢貨施彼國王王然後遣人送展轉相付示其逕路

法顯竟不得往承彼土人言故說之耳從波羅柰國東行還到巴連弗邑法顯本求戒律而北天竺諸國皆師師口傳無本可寫是以遠步乃至中天竺於此摩訶衍僧伽藍得一部律是摩訶僧祇衆律佛在世時最初大衆

所行也於祇洹精舍傳其本自餘十八部各
有師資大歸不異於小小不同或用開塞但
此最是廣說備悉者復得一部抄律可七千
偈是薩婆多衆律即此秦地衆僧所行者也
亦皆師師口相傳授不書之於文字復於此
衆中得雜阿毗曇心可六千偈又得一部綖
經二千五百偈又得一卷方等般泥洹經可
五千偈又得摩訶僧祇阿毗曇故法顯住此
三年學梵書梵語寫律道整既到中國見沙
門法則衆僧威儀觸事可觀乃追歎秦土邊

地衆僧戒律殘缺誓言自今已去至得佛願不生邊地故遂停不歸法顯本心欲令戒律流通漢地於是獨還順恒水東下十八由延其南岸有瞻波大國佛精舍經行處及四佛坐處悉起塔現有僧住從此東行近五十由

延到多摩梨帝國即是海口其國有二十四僧伽藍盡有僧住佛法亦興法顯住此二年寫經及畫像於是載商人大船汎海西南行得冬初信風晝夜十四日到師子國彼國人云相去可七百由延其國大在洲上東西五

十由延南北三十由延左右小洲乃有百數
其間相去或十里二十里或二百里皆統屬
大洲多出珍寶珠璣有出摩尼珠地方可十
里王使人守護若有採者十分取三其國本
無人民止有鬼神及龍居之諸國商人共市
易市易時鬼神不自現身但出寶物題其價
直商人則依價直直取物因商人來往住故
諸國人聞其土樂悉亦復來於是遂成大國
其國和適無冬夏之異草木常茂田種隨人
無有時節佛至其國欲化惡龍以神足力一

足蹋王城北一足蹋山頂兩跡相去十五由
延於王城北跡上起大塔高四十丈金銀莊
校衆寶合成塔邊復起一僧伽藍名無畏山
有五千僧起一佛殿金銀刻鏤悉以衆寶中
有一青玉像高二丈許通身七寶炎光威相
嚴顯非言所載右掌中有一無價寶珠法顯
去漢地積年所與交接悉異域人山川草木
舉目無舊又同行分析或留或亡顧影唯已
心常懷悲忽於此玉像邊見商人以晋地一
白絹扇供養不覺悽然淚下滿目其國前王

遣使中國取貝多樹子於佛殿旁種之高可
二十丈其樹東南傾王恐倒故以八九圍柱
柱樹樹當柱處心生遂穿柱而下入地成根
大可四圍許柱雖中裂猶裹在其外人亦不
去樹下起精舍中有坐像道俗敬仰無倦城

中又起佛齒精舍皆七寶作王淨修梵行城
內人信敬之情亦篤其國立治已來無有饑
荒喪亂衆僧庫藏多有珍寶無價摩尼其王
入僧庫遊觀見摩尼珠即生貪心欲奪取之
三日乃悟即詣僧中稽首悔前罪心告白僧

言願僧立制自今已後勿聽王入其庫看比
丘滿四十臘然後得入其城中多居士長者
薩薄商人屋宇嚴麗巷陌平整四衢道頭皆
作說法堂月八日十四日十五日鋪施高座
道俗四衆皆集聽法其國人云都可五六萬
僧悉有衆食王別於城内供五六千人衆食
須者則持本鉢往取隨器所容皆滿而還佛
齒常以三月中出之未出十日王莊校大象
使一辯說人著王衣服騎象上擊鼓唱言菩
薩從三阿僧祇劫苦行不惜身命以國妻子

及挑眼與人割肉貿鴿截頭布施投身餓虎
不悋髓腦如是種種苦行爲衆生故成佛在
世四十五年說法敎化令不安者安不度者
度衆生緣盡乃般泥洹泥洹已來一千四百
九十七年世間眼滅衆生長悲却後十日佛

齒當出至無畏山精舍國內道俗欲植福者
各各平治道路嚴飾巷陌辦衆華香供養之
具如是唱已王便夾道兩邊作菩薩五百身
已來種種變現或作須大拏或作睒變或作
象王或作鹿馬如是形像皆彩畫莊校狀若

生人然後佛齒乃出中道而行隨路供養刹
無畏精舍佛堂上道俗雲集燒香然燈種種
法事晝夜不息滿九十日乃還城內精舍城
內精舍至齋日則開門戶禮敬如法無畏精
舍東四十里有一山山中有精舍名跋提可
有二千僧僧中有一大德沙門名達摩瞿諦
其國人民皆共宗仰住一石室中四十許年
常行慈心能感蛇鼠使同止一室而不相害
城南七里有一精舍名摩訶毗訶羅有三千
僧住有一高德沙門戒行清潔國人咸疑是

羅漢臨終之時王來省視依法集僧而問比
丘得道耶其便以實答言是羅漢既終王即
案經律以羅漢法葬之於精舍東四五里積
好大薪縱廣可三丈餘高亦爾近上著栴檀
沉水諸香木四邊作階上持淨好白氎周帀

蒙積上作大轝床似此間轜車但無龍魚耳
當闍維時王及國人四衆咸集以華香供養
從轝至墓所王自華香供養供養訖轝著積
上酥油遍灌然後燒之火然之時人人敬心
各脱上服及羽儀傘蓋遥擲火中以助闍維

閣維已收撿取骨即以起塔法顯至不及其生存唯見葬時王篤信佛法欲爲衆僧作新精舍先設大會飯食僧供養已乃選好上牛一雙金銀寶物莊校角上作好金犁王自耕頃四邊然後割給民戶田宅書以鐵券自是已後代代相承無敢廢易法顯在此國聞天竺道人於高座上誦經云佛鉢本在毗舍離今在揵陀衛竟若干百年法顯聞誦之時有定歲數但今忘耳當復至西月氏國若干百年當至于闐國住若干百年當至屈茨國若干百年當復來到

漢地住若干百年當復至師子國若干百年
當還中天竺到中天已當上兜術天上彌勒
菩薩見而歎曰釋迦文佛鉢至即共諸天華
香供養七日七日已還閻浮提海龍王持入
龍宮至彌勒將成道時鉢還分爲四復本頻
那山上彌勒成道已四天王當復應念佛如
先佛法賢劫千佛共用此鉢鉢去已佛法漸
滅佛法滅後人壽轉短乃至五歲十歲之時
粳米酥油皆悉化滅人民極惡捉木則變成
刀杖共相傷割殺其中有福者逃避入山惡

人相殺盡已還復來出共相謂言昔人壽極長但爲惡甚作諸非法故我等壽命遂爾短促乃至十歲我今共行諸善起慈悲心修行仁義如是各行信義展轉壽倍乃至八萬歲彌勒出世初轉法輪時先度釋迦遺法弟子

出家人及受三歸五戒齋法供養三寶者第二第三次度有緣者法顯爾時欲寫此經其人云此無經本我止口誦耳法顯住此國二年更求得彌沙塞律藏本得長阿含雜阿含復得一部雜藏此悉漢土所無者得此梵本

已即載商人大船上可有二百餘人後係一小船海行艱嶮以備大船毀壞得好信風東下二日便值大風船漏水入商人欲趣小船小船上人恐人來多即斫絙斷商人大怖命在須臾恐船水漏即取麁財貨擲著水中法顯亦以軍持及澡灌并餘物棄擲海中但恐商人擲去經像唯一心念觀世音及歸命漢地衆僧我遠行求法願威神歸流得到所止如是大風晝夜十三日到一島邊潮退之後見船漏處即補塞之於是復前海中多有抄

賊遇輙無全大海瀰漫無邊不識東西唯望日月星宿而進若陰雨時爲逐風去亦無准當夜闇時但見大浪相搏晃然火色黿鼉水性怪異之屬商人荒遽不知那向海深無底又無下石住處至天晴已乃知東西還復望正而進若值伏石則無活路如是九十日許乃到一國名耶婆提其國外道婆羅門興盛佛法不足言停此國五月日復隨他商人大船上亦二百許人賫五十日粮以四月十六日發法顯於船上安居東北行趣廣州一月

餘日夜鼓二時遇黑風暴雨商人賈客皆悉
惶怖法顯爾時亦一心念觀世音及漢地衆
僧蒙威神祐得至天曉曉已諸婆羅門議言
坐載此沙門使我不利遭此大苦當下比丘
置海島邊不可爲一人令我等危險法顯本

檀越言汝若下此比丘亦并下我不爾便當
殺我汝其下此沙門吾到漢地當向國王言
汝也漢地王亦敬信佛法重比丘僧諸商人
躊躇不敢便下于時天多連陰海師相望僻
誤遂經七十餘日粮食水漿欲盡取海鹹水

作食分好水人可得二升遂便欲盡商人議言常行時正可五十日便到廣州爾今已過期多日將無僻耶即便西北行求岸晝夜十二日到長廣郡界牢山南岸便得好水菜但經涉險難憂懼積日忽得至此岸見藜藿菜依然知是漢地然不見人民及行跡未知是何許或言未至廣州或言已過莫知所定即乘小船入浦覓人欲問其處得兩獵人即將歸令法顯譯語問之法顯先安慰之徐問汝是何人荅言我是佛弟子又問汝入山何所

求其便詭言明當七月十五日欲取桃臘佛
又問此是何國荅言此青州長廣郡界統屬
晉家聞已商人歡喜即乞其財物遣人往長
廣太守李嶷敬信佛法聞有沙門持經像乘
船汎海而至即將人從至海邊迎接經像歸
至郡治商人於是還向揚州留法青州請法
顯一冬一夏夏坐訖法顯遠離諸師久欲趣
長安但所營事重遂便南下向都就禪師出
經律法顯發長安六年到中國停六年還三
年達青州凡所遊歷減三十國沙河已西迄

于天竺衆僧威儀法化之美不可詳說竊惟
諸師未得備聞是以不顧微命浮海而還艱
難具更幸蒙三尊威靈危而得濟故竹帛疏
所經歷欲令賢者同其聞見是歲甲寅晉義
熙十二年歲在壽星夏安居末迎法顯道人
既至留共冬齋因講集之際重問遊歷其人
恭順言輒依實由是先所略者勸令詳載顯
復具敘始末自云顧尋所經不覺心動汗流
所以乘危履險不惜此形者蓋是志有所存
專其愚直故投命於不必全之地以達萬一

之冀於是感歎斯人以爲古今罕有自大教東流未有忘身求法如顯之比然後知誠之所感無窮否而不通志之所獎無功業而不成成夫功業者豈不由忘失所重重夫所忘者哉

法顯傳一卷

音釋

墩煌　墩徒渾切煌胡光切墩煌郡名

崎嶇　崎去飢切嶇豈俱切崎嶇不平也

鳥　音烏

絙　古恒切大索也

搪揬　搪徒郎切揬徒骨切搪揬觸也

齧　五結切噬也

櫨　力都切欂櫨也

揠　烏黠切拔也

嶮巇　嶮虛儉切巇許羈切嶮巇巔危也

哹　縛謀切吹氣也

甖　於耕切瓦器也

〔永樂南藏〕佛國記

〔永樂南藏〕佛國記

〔晋〕法顯 撰

明永樂刻正德遞修嘉靖補刻萬曆續刻《永樂南藏》本

法顯傳　兵八

東晉沙門法顯自記遊天竺事

法顯昔在長安慨律藏殘缺於是遂以弘始二年歲在已亥與慧景道整慧應慧嵬等同契至天竺尋求戒律初發跡長安度隴至乾歸國夏坐夏坐訖前行至耨檀國度養樓山至張掖鎮張掖大亂道路不通張掖王慇懃遂留爲作檀越於是與智嚴慧簡僧紹寶雲僧景等相遇欣於同志便共夏坐夏坐訖復進到燉煌有塞東西可八十里南北四十里共停一月餘日法顯等五人隨使先發復與寶雲等別燉煌太守李浩供給度沙河沙河

中多有惡鬼熱風遇則皆死無一全者上無
飛鳥下無走獸遍望極目欲求度處則莫知
所擬唯以死人枯骨爲標幟耳行十七日計
可千五百里得至鄯善國其地崎嶇薄瘠俗
人衣服粗與漢地同但以氈褐爲異其國王
奉法可有四千餘僧悉小乘學諸國俗人及
沙門盡行天竺法但有精麁從此西行所經
諸國類皆如是唯國國胡語不同然出家人
皆習天竺書天竺語住此一月日復西北行
十五日到偽夷國偽夷國僧亦有四千餘人
皆小乘學法則齊整秦土沙門至彼都不預
其僧例法顯得符行堂公孫經理住二月餘

日於是還與寶雲等共爲傿夷國人不修禮義遇客甚薄智嚴慧簡慧嵬遂返向高昌欲求行資法顯等蒙符公孫供給遂得直進西南行路中無居民涉行艱難所經之苦人理莫比在道一月五日得到于闐其國豐樂人民殷盛盡皆奉法以法樂相娛衆僧乃數萬人多大乘學皆有衆食彼國人民星居家家門前皆起小塔最小者可高二丈許作四方僧房供給客僧及餘所須國主安堵法顯等於僧伽藍僧伽藍名瞿摩帝是大乘寺三千僧共犍椎食入食堂時威儀齊肅次第而坐一切寂然器鉢無聲淨人益食不得相喚但

以手指麾慧景道整慧達先發向竭叉國法
顯等欲觀行像停三月日其國中十四大僧
伽藍不數小者從四月一日城裏便掃灑道
路莊嚴巷陌其城門上張大幃幕事事嚴飾
王及夫人采女皆住其中瞿摩帝僧是大乗
學王所敬重最先行像離城三四里作四輪

像車高三丈餘狀如行殿七寶莊校懸繒幡
蓋像立車中二菩薩侍作諸天侍從皆金銀
彫瑩懸於虛空像去門百步王脫天冠易著
新衣徒跣持華香翼從出城迎像頭面禮足
散華燒香像入城時門樓上夫人采女遥散
衆華紛紛而下如是莊嚴供具車車各異一

僧伽藍則一日行像四月一日爲始至十四日行像乃訖行像訖王及夫人乃還宮耳其城西七八里有僧伽藍名王新寺作來八十年經三王方成可高二十五丈彫文刻鏤金銀覆上衆寶合成塔後作佛堂莊嚴妙好梁柱户扇窗牖皆以金薄別作僧房亦嚴麗整飾非言可盡嶺東六國諸王所有上價寶物多作供養人用者少旣過四月行像僧韶一人隨胡道人向罽賓法顯等進向子合國在道二十五日便到其國國王精進有千餘僧多大乘學住此十五日已於是南行四日入葱嶺山到於麾國安居安居巳止行二十五

日到竭叉國與慧景等合值其國王作般遮越師般遮越師漢言五年大會也會時請四方沙門皆來雲集已莊嚴衆僧坐處懸繒旛蓋作金銀蓮華著繒座後鋪淨坐具王及羣臣如法供養或一月二月或三月多在春時王作會已復勸諸羣臣設供供養或一日二

兵八　三

日三日五日供養都畢王以所乘馬鞍勒自副使國中貴重臣騎之并諸白氎種種珍寶沙門所須之物共諸羣臣發願布施布施已還從僧贖其地山寒不生餘穀唯熟麥耳衆僧受歲已其晨輙霜故其王每讚衆僧令麥熟然後受歲其國中有佛唾壺以石作色似

佛鉢又有佛一齒國人爲佛齒起塔有千餘僧盡小乘學自山以東俗人被服粗類秦土亦以氈褐爲異沙門法用轉轉勝不可具記其國當葱嶺之中自葱嶺已前草木果實皆異唯竹及安石留甘蔗三物與漢地同耳從此西行向北天竺在道一月得度葱嶺葱嶺冬夏有雪又有毒龍若失其意則吐毒風雨雪飛沙礫石遇此難者萬無一全彼土人人即名爲雪山人也度嶺已到北天竺始入其境有一小國名陀歷亦有衆僧皆小乘學其國昔有羅漢以神足力將一巧匠上兜術天觀彌勒菩薩長短色貌還下刻木作像前後

三上觀然後乃成像長八丈足趺八尺齋日常有光明諸國王競興供養今故現在於此順嶺西南行十五日其道艱岨崖岸嶮絕其山唯石壁立千仞臨之目眩欲進則投足無所下有水名新頭河昔人有鑿石通路施傍梯者凡度七百度梯已躡懸絙過河河兩岸相去減八十步九驛所記漢之張騫甘英皆不至衆僧問法顯佛法東過其始可知耶顯云訪問彼土人皆云古老相傳自立弥勒菩薩像後便有天竺沙門賫經律過此河者像立在佛泥洹後三百許年計於周氏平王時由茲而言大教宣流始自此像非夫弥勒大

士繼軌釋迦孰能令三寶宣通邊人識法固
知冥運之開本非人事則漢明之夢有由而
然矣度河便到烏萇國烏萇國是正北天竺
也盡作中天竺語中天竺所謂中國俗人衣
服飲食亦與中國同佛法甚盛名衆僧住止
處爲僧伽藍凡有五百僧伽藍皆小乘學若

有客比丘到悉供養三日三日過已乃令自
求所安常傳言佛至北天竺即到此國已佛
遺足跡於此跡或長或短在人心念至今猶
爾及曬衣石度惡龍處亦悉現在石高丈四
闊二丈許一邊平慧景道整慧達三人先發
向佛影那竭國法顯等住此國夏坐坐訖南

下到宿呵多國其國佛法亦盛昔天帝釋試
菩薩化作鷹鴿割肉貿鴿處佛即成道與諸
弟子遊行語云此本是吾割肉貿鴿處國人
由是得知於此處起塔金銀校飾從此東下
五日行到犍陀衛國是阿育王子法益所治
處佛爲菩薩時亦於此國以眼施人其處亦
起大塔金銀校餝此國人多小乘學自此東
行七日有國名竺刹尸羅竺刹尸羅漢言截
頭也佛爲菩薩時於此處以頭施人故因以
爲名復東行二日至投身餧餓虎處此二處
亦起大塔皆衆寶校飾諸國王臣民競興供
養散華然燈相繼不絕通上二塔彼方人亦

名爲四大塔也從犍陀衛國南行四日到弗
樓沙國佛昔將諸弟子遊行此國語阿難云
吾般泥洹後當有國王名罽膩伽於此處起
塔後膩伽王出世出行遊觀時天帝釋欲開
發其意化作牧牛小兒當道起塔王問言汝
作何等答曰作佛塔王言大善於是王即於

六八　五

小兒塔上起塔高四十餘丈衆寶校餝凡所
經見塔廟壯麗威嚴都無此比傳云閻浮提
塔唯此爲上王作塔成已小塔即自傍出大
塔南高三尺許佛鉢即在此國昔月氏王大
興兵衆來伐此國欲取佛鉢既伏此國已月
氏王篤信佛法欲持鉢去故興供養供養三

寶畢乃校飾大象置鉢其上象便伏地不能得前更作四輪車載鉢八象共牽復不能進王知與鉢緣未至深自愧歎即於此處起塔及僧伽藍并留鎮守種種供養可有七百餘僧日將中衆僧則出鉢與白衣等種種供養然後中食至暮燒香時復尒可容二斗許雜色而黑多四際分明厚可二分瑩徹光澤貧人以少華投中便滿有大富者欲以多華而供養正復百千萬斛終不能滿寶雲僧景只供養佛鉢便還慧景慧達道整先向那竭國供養佛影佛齒及頂骨慧景病道整住看慧達一人還於弗樓沙國相見而慧達寶雲僧

景遂還秦土慧景應在佛鉢寺無常由是法
顯獨進向佛頂骨所西行十六由延便至那
竭國界醯羅城中有佛頂骨精舍盡以金薄
七寶校餝國王敬重頂骨慮人抄奪乃取國
中豪姓八人人持一印印封守護清晨八人
俱到各視其印然後開戶開戶已以香汁洗
手出佛頂骨置精舍外高座上以七寶圓碪
碪下琉璃鍾覆上皆珠璣校飾骨黄白色方
圓四寸其上隆起每日出後精舍人則登高
樓擊大鼓吹螺敲銅鈸王聞已則詣精舍以
華香供養供養已次第頂戴而去從東門入
西門出王朝朝如是供養禮拜然後聽國政

居士長者亦先供養乃修家事日日如是初無懈惓供養都訖乃還頂骨於精舍中有七寶解脫塔或開或閉高五尺許以盛之精舍門前朝朝恒有賣華香人凡欲供養者種種買焉諸國王亦恒遣使供養精舍處方四十步雖復天震地裂此處不動從此北行一由延到那竭國城是菩薩本以銀錢貿五莖華供養定光佛處城中亦有佛齒塔供養如頂骨法城東北一由延到一谷口有佛錫杖亦起精舍供養杖以牛頭栴檀作長丈六七許以木筒盛之正復百千人舉不能移入谷口四日西行有佛僧伽梨精舍供養彼國土亢旱

府國人相率出衣禮拜供養天即大雨那竭城南半由延有石室博山西南向佛留影此中去十餘步觀之如佛真形金色相好光明炳著轉近轉微髣髴如有諸方國王遣工畫師模寫莫能及彼國人傳云千佛盡當於此留影影西百步許佛在時剃髮剪爪佛自與諸弟子共造塔高七八丈以爲將來塔法今猶在邊有寺寺中有七百餘僧此處有諸羅漢辟支佛塔乃千數住此冬二月法顯等三人南度小雪山雪山冬夏積雪山北陰中過寒暴起人皆噤戰慧景一人不堪復進口出白沫語法顯云我亦不復活便可時去勿得

俱死於是遂終法顯撫之悲號本圖不果命也奈何復自力前得過嶺南到羅夷國近有三千僧兼大小乘學住此夏坐坐訖南下行十日到跋那國亦有三千許僧皆小乘學從此東行三日復渡新頭河兩岸皆平地過河有國名毗荼佛法興盛兼大小乘學見秦道人往乃大憐愍作是言如何邊地人能知出家爲道遠求佛法悉供給所須待之如法從此東南行減八十由延經歷諸寺甚多僧衆萬數過是諸處已到一國國名摩頭羅又經捕那河河邊左右有二十僧伽藍可有三千僧佛法轉盛凡沙河已西天竺諸國國王皆

篤信佛法供養衆僧時則脫天冠共諸宗親
羣臣手自行食行食已鋪氊於地對上座前
坐於衆僧前不敢坐床佛在世時諸王供養
法式相傳至今從是以南名爲中國中國寒
暑調和無霜雪人民殷樂無户籍官法唯耕
王地者乃輸地利欲去便去欲住便住王治
不用刑罔有罪者但罰其錢隨事輕重雖復
謀爲惡逆不過截右手而已王之侍衛左右
皆有供祿舉國人民悉不殺生不飲酒不食
葱蒜唯除旃荼羅旃荼羅名爲惡人與人別
居若入城市則擊木以自異人則識而避之
不相搪揬國中不養豬雞不賣生口市無屠

行及酤酒者貧易則用貝齒唯旃荼羅獵師賣肉耳自佛般泥洹後諸國王長者居士爲衆僧起精舍供養供給田宅園圃民戶牛犢鐵券書錄後王王相傳無敢廢者至今不絕衆僧住止房舍床褥飲食衣服都無缺乏處處皆爾衆僧常以作功德爲業及誦經坐禪客僧往到舊僧迎逆代擔衣鉢給洗足水塗足油與非時漿須臾息已復問其臘數次第得房舍卧具種種如法衆僧住處作舍利弗塔目連阿難塔并阿毗曇律經塔安居後一月諸希福之家勸化供養僧作非時漿衆僧大會說法說法已供養舍利弗塔種種香華

海上絲綢之路基本文獻叢書

〔崇寧藏〕佛國記
〔永樂北藏〕佛國記
〔永樂南藏〕佛國記

〔晋〕法顯 撰

文物出版社

圖書在版編目（CIP）數據

［崇寧藏］佛國記 ；［永樂北藏］佛國記 ；［永樂南藏］佛國記 /（晉）法顯撰. -- 北京 : 文物出版社, 2022.7
（海上絲綢之路基本文獻叢書）
ISBN 978-7-5010-7632-1

Ⅰ. ①崇… Ⅱ. ①法… Ⅲ. ①法顯－生平事迹②西域－歷史地理－東晋時代 Ⅳ. ① B949.92 ② K935.06

中國版本圖書館 CIP 數據核字 (2022) 第 086561 號

海上絲綢之路基本文獻叢書

〔崇寧藏〕佛國記 · 〔永樂北藏〕佛國記 · 〔永樂南藏〕佛國記

撰　　者：〔晉〕法顯
策　　劃：盛世博閱（北京）文化有限責任公司

封面設計：鞏榮彪
責任編輯：劉永海
責任印製：張　麗

出版發行：文物出版社
社　　址：北京市東城區東直門内北小街 2 號樓
郵　　編：100007
網　　址：http://www.wenwu.com
經　　銷：新華書店
印　　刷：北京旺都印務有限公司
開　　本：787mm×1092mm　1/16
印　　張：15.25
版　　次：2022 年 7 月第 1 版
印　　次：2022 年 7 月第 1 次印刷
書　　號：ISBN 978-7-5010-7632-1
定　　價：90.00 圓

總緒

海上絲綢之路，一般意義上是指從秦漢至鴉片戰争前中國與世界進行政治、經濟、文化交流的海上通道，主要分爲經由黄海、東海的海路最終抵達日本列島及朝鮮半島的東海航綫和以徐聞、合浦、廣州、泉州爲起點通往東南亞及印度洋地區的南海航綫。

在中國古代文獻中，最早、最詳細記載『海上絲綢之路』航綫的是東漢班固的《漢書·地理志》，詳細記載了西漢黄門譯長率領應募者入海『齎黄金雜繒而往』之事，書中所出現的地理記載與東南亞地區相關，并與實際的地理狀况基本相符。

東漢後，中國進入魏晋南北朝長達三百多年的分裂割據時期，絲路上的交往也走向低谷。這一時期的絲路交往，以法顯的西行最爲著名。法顯作爲從陸路西行到印度，再由海路回國的第一人，根據親身經歷所寫的《佛國記》（又稱《法顯傳》）一書，詳細介紹了古代中亞和印度、巴基斯坦、斯里蘭卡等地的歷史及風土人情，是瞭解和研究海陸絲綢之路的珍貴歷史資料。

隨着隋唐的統一，中國經濟重心的南移，中國與西方交通以海路爲主，海上絲綢之路進入大發展時期。廣州成爲唐朝最大的海外貿易中心，朝廷設立市舶司，專門管理海外貿易。唐代著名的地理學家賈耽（七三〇～八〇五年）的《皇華四達記》記載了從廣州通往阿拉伯地區的海上交通『廣州通夷道』，詳述了從廣州港出發，經越南、馬來半島、蘇門答臘半島至印度、錫蘭，直至波斯灣沿岸各國的航綫及沿途地區的方位、名稱、島礁、山川、民俗等。譯經大師義净西行求法，將沿途見聞寫成著作《大唐西域求法高僧傳》，詳細記載了海上絲綢之路的發展變化，是我們瞭解絲綢之路不可多得的第一手資料。

宋代的造船技術和航海技術顯著提高，指南針廣泛應用於航海，中國商船的遠航能力大大提升。北宋徐兢的《宣和奉使高麗圖經》詳細記述了船舶製造、海洋地理和往來航綫，是研究宋代海外交通史、中朝友好關係史、中朝經濟文化交流史的重要文獻。南宋趙汝適《諸蕃志》記載，南海有五十三個國家和地區與南宋通商貿易，形成了通往日本、高麗、東南亞、印度、波斯、阿拉伯等地的『海上絲綢之路』。宋代爲了加强商貿往來，於北宋神宗元豐三年（一〇八〇年）頒佈了中國歷史上第一部海洋貿易管理條例《廣州市舶條法》，并稱爲宋代貿易管理的制度範本。

元朝在經濟上採用重商主義政策，鼓勵海外貿易，中國與歐洲的聯繫與交往非常頻繁，其中馬可·波羅、伊本·白圖泰等歐洲旅行家來到中國，留下了大量的旅行記，記録元代海上絲綢之路的盛况。元代的汪大淵兩次出海，撰寫出《島夷志略》一書，記録了二百多個國名和地名，其中不少首次見於中國著録，涉及的地理範圍東至菲律賓群島，西至非洲。這些都反映了元朝時中西經濟文化交流的豐富内容。

明、清政府先後多次實施海禁政策，海上絲綢之路的貿易逐漸衰落。但是從明永樂三年至明宣德八年的二十八年裏，鄭和率船隊七下西洋，先後到達的國家多達三十多個，在進行經貿交流的同時，也極大地促進了中外文化的交流，這些都詳見於《西洋蕃國志》《星槎勝覽》《瀛涯勝覽》等典籍中。

關於海上絲綢之路的文獻記述，除上述官員、學者、求法或傳教高僧以及旅行者的著作外，自《漢書》之後，歷代正史大都列有《地理志》《四夷傳》《西域傳》《外國傳》《蠻夷傳》《屬國傳》等篇章，加上唐宋以來衆多的典制類文獻、地方史志文獻，集中反映了歷代王朝對於周邊部族、政權以及西方世界的認識，都是關於海上絲綢之路的原始史料性文獻。

海上絲綢之路概念的形成，經歷了一個演變的過程。十九世紀七十年代德國地理學家費迪南・馮・李希霍芬（Ferdinad Von Richthofen，一八三三～一九〇五），在其《中國：親身旅行和研究成果》第三卷中首次把輸出中國絲綢的東西陸路稱爲『絲綢之路』。有『歐洲漢學泰斗』之稱的法國漢學家沙畹（Édouard Chavannes，一八六五～一九一八），在其一九〇三年著作的《西突厥史料》中提出『絲路有海陸兩道』，蘊涵了海上絲綢之路最初提法。迄今發現最早正式提出『海上絲綢之路』一詞的是日本考古學家三杉隆敏，他在一九六七年出版《中國瓷器之旅：探索海上的絲綢之路》中首次使用『海上絲綢之路』一詞；一九七九年三杉隆敏又出版了《海上絲綢之路》一書，其立意和出發點局限在東西方之間的陶瓷貿易與交流史。

二十世紀八十年代以來，在海外交通史研究中，『海上絲綢之路』一詞逐漸成爲中外學術界廣泛接受的概念。根據姚楠等人研究，饒宗頤先生是華人中最早提出『海上絲綢之路』的人，他的《海道之絲路與昆侖舶》正式提出『海上絲路』的稱謂。選堂先生評價海上絲綢之路是外交、貿易和文化交流作用的通道。此後，大陸學者馮蔚然在一九七八年編寫的《航運史話》中，使用『海上絲綢之路』一詞，這是迄今學界查到的中國大陸最早使用『海上絲綢之路』的人，更多地限於航海活動領域的考察。一九八〇年北京大學陳炎教授提出『海上絲綢之路』研究，并於一九八一年發表《略論海上絲綢之路》一文。他對海上絲綢之路的理解超越以往，且帶有濃厚的愛國主義思想。陳炎教授之後，從事研究海上絲綢之路的學者越來越多，尤其沿海港口城市向聯合國申請海上絲綢之路非物質文化遺産活動，將海上絲綢之路研究推向新高潮。另外，國家把建設『絲綢之路經濟帶』和『二十一世紀海上絲綢之路』作爲對外發展方針，將這一學術課題提升爲國家願景的高度，使海上絲綢之路形成超越學術進入政經層面的熱潮。

與海上絲綢之路學的萬千氣象相對應，海上絲綢之路文獻的整理工作仍顯滯後，遠遠跟不上突飛猛進的研究進展。二〇一八年厦門大學、中山大學等單位聯合發起『海上絲綢之路文獻集成』專案，尚在醞釀當中。我們不揣淺陋，深入調查，廣泛搜集，將有關海上絲綢之路的原始史料文獻和研究文獻，分爲風俗物産、雜史筆記、海防海事、典章檔案等六個類别，彙編成《海上絲綢之路歷史文化叢書》，於二〇二〇年影印出版。此輯面市以來，深受各大圖書館及相關研究者好評。爲讓更多的讀者親近古籍文獻，我們遴選出前編中的菁華，彙編成《海上絲綢之路基本文獻叢書》，以單行本影印出版，以饗讀者，以期爲讀者展現出一幅幅中外經濟文化交流的精美畫卷，爲海上絲綢之路的研究提供歷史借鑒，爲『二十一世紀海上絲綢之路』倡議構想的實踐做好歷史的詮釋和注脚，從而達到『以史爲鑒』『古爲今用』的目的。

凡例

一、本編注重史料的珍稀性，從《海上絲綢之路歷史文化叢書》中遴選出菁華，擬出版百册單行本。

二、本編所選之文獻，其編纂的年代下限至一九四九年。

三、本編排序無嚴格定式，所選之文獻篇幅以二百餘頁爲宜，以便讀者閱讀使用。

四、本編所選文獻，每種前皆注明版本、著者。

五、本編文獻皆爲影印，原始文本掃描之後經過修復處理，仍存原式，少數文獻由於原始底本欠佳，略有模糊之處，不影響閱讀使用。

六、本編原始底本非一時一地之出版物，原書裝幀、開本多有不同，本書彙編之後，統一爲十六開右翻本。

目録

〔崇寧藏〕佛國記

（崇寧藏）佛國記

（晋）法顯 撰

北宋崇寧三年福州私刻東禪等覺院等開元禪寺刻《崇寧藏》本

福州開元禪寺住持傳法賜紫慧通大師了一謹募衆緣恭爲
今上　皇帝祝延　聖壽文武官僚資崇　祿位圓成雕造
毗盧大藏經板一副昔紹興戊辰閏八月　日　謹題

法顯傳一卷　　通

東晉沙門〻法顯自記遊天竺事

法顯昔在長安慨律藏殘缺於是遂以弘始
二年歲在己亥與慧景道整慧應慧嵬等同
契至天竺尋求戒律初發跡長安度隴至乾
歸國夏坐夏坐訖前行至耨檀國度養樓山
至張掖鎮張掖大亂道路不通張掖王段業
遂留爲作檀越於是與智嚴慧簡僧紹寶雲
僧景等相遇欣於同志便共夏坐夏坐訖復

進到屯皇有塞東西可八十里南北四十里
共停一月餘日法顯等五人隨使先發復與
寶雲等別屯皇太守李浩供給度沙河沙河
中多有惡鬼熱風過則皆死無一全者上無
飛鳥下無走獸遍望極目欲求度處則莫知
所擬唯以死人枯骨爲標識耳行十七日計
可千五百里得至鄯善國其地崎嶇薄瘠俗
人衣服粗與漢地同但以氈褐爲異其國王
奉法可有四千餘僧悉小乘學諸國俗人及
沙門盡行天竺法但有精麁從此西行所經
諸國類皆如是唯國國胡語不同然出家人
皆習天竺書天竺語住此一月日復西北行

十五日到偽夷國偽夷國僧亦有四千餘人
皆小乘學法則齊整法顯得符行堂公孫經
理住二月餘日於是還與寶雲等共為偽夷
國人不修禮義遇客甚薄智嚴慧簡慧嵬遂
返還向唱欲求行資法顯等蒙符公孫供給
遂得直進西南行路中無居民沙行艱難所
經之苦人理莫比在道一月五日得到于闐
其國豐樂人民殷盛盡皆奉法以法樂相娛
衆僧乃數萬人多大乘學皆有衆食彼國人
民家家門前皆起小塔最小者可高二丈許
作四方僧房供給客僧及餘所須國王安堵
法顯等於僧伽藍僧伽藍名瞿摩帝是大乘

寺三千僧共揵槌食入食堂時威儀齊肅次第而坐一切寂然器鉢無聲淨人益食不得相喚但以手指麾慧景道整慧達先發向竭叉國法顯等欲觀行像停三月日其國中十四大僧伽藍不數小者從四月一日城裏便掃灑道路莊嚴巷陌其城門上張大幃幕事事嚴餝王及夫人采女皆住其中瞿摩帝僧是大乘學王所敬重最先行像離城三四里作四輪像車高三丈餘狀如行殿七寶莊校懸繒幡蓋像立車中二菩薩侍作諸天侍從皆金銀彫瑩懸於虛空像去門百步王脫天冠易著新衣徒跣持華香翼從出城迎像頭

面禮足散華燒香像入城時門樓上夫人采
女遥散衆華紛紛而下如是莊嚴供具車車
各異一僧伽藍則一日行像白月一日始至
十四日行像乃訖行像訖王及夫人乃還宮
耳其城西七八里有僧伽藍名王新寺作來
八十年經三王方成可高二十五丈彫文刻
鏤金銀覆上衆寶合成塔後作佛堂莊嚴妙
好梁柱戶扇窻牖皆以金薄別作僧房亦嚴
麗整飾非言可盡嶺東六國諸王所有上價
寶物多作供養人用者少既過四月行像僧
韶一人隨胡道人向罽賓法顯等進向子合
國在道二十五日便到其國國王精進有千

餘僧多大乘學住此十五日已於是南行四
日入葱嶺山到於麾國安居安居已止行二
十五日到竭叉國與慧景等合值其國王作
般遮越師般遮越師漢言五年大會也會時
請四方沙門皆來雲集已莊嚴衆坐處懸繒
幡蓋作金銀蓮華著繒座後鋪淨坐具王及
群臣如法供養或一月二月或三月多在春
時王作會已復勸諸群臣設供供養或一日
二三日五日供養都畢王以所乘馬鞍勒自
副使國中貴重臣騎之并諸白㲲種種珎寶
沙門所須之物共諸群臣發願布施布施已
還從僧贖其地山寒不生餘穀唯熟麥耳衆

僧受歲已其晨輒霜故其王每讃衆僧令麥
熟然後受歲其國有佛唾壷以石作色似佛
鉢又有佛一齒國人爲佛齒起塔有千餘僧
盡小乗學自山以東俗人被服粗類秦土亦
以氈褐爲異沙門法用轉轉勝不可具記其
國當葱嶺之中自葱嶺已前草木果實皆異

唯竹及安石留甘蔗三物與漢地同耳從此
西行向北天竺在道一月得度葱嶺葱山冬
夏有雪又有毒龍若失其意則吐毒風雨雪
飛沙礫石遇此難者萬無一全彼土人人即
名爲雪山人也度嶺已到北天竺始入其境
有一小國名陁歷亦有衆僧皆小乗學其國

昔有羅漢以神足力將一巧匠上兜術天觀弥勒菩薩長短色貌還下刻木作像前後三上觀然後乃成像長八丈足趺八尺齋日常有光明諸國王競興供養今故現在於此順嶺西南行十五日其道艱岨崖岸嶮絶其山唯石壁立千仞臨之目眩欲進則投足無所下有水名新頭河昔人有鑿石通路施傍梯者凡度七百度梯已躡懸絙過河河兩岸相去減八十步九譯所絶漢之張騫甘英皆不至衆僧問法顯佛法東過其始可知耶顯云訪問彼土人皆云古老相傳自立弥勒菩薩像後便有天竺沙門賫經律過此河者像立

在佛泥洹後三百許年計於周氏平王時由
玆而言大教宣流始自此像非夫弥勒大士
継軌釋迦孰能令三寶宣通邊人識法固知
冥運之開本非人事則漢明之夢有由而然
矣度河便到烏萇國烏萇國是正北天竺也
盡作中天竺語中天竺所謂中國俗人衣服
飲食亦與中國同佛法甚盛名衆僧住止處
爲僧伽藍凡有五百僧伽藍皆小乘學若有
客比丘到悉供養三日三日過已乃令自求
所安常傳言佛至北天竺即到此國也佛遺
足跡於此跡或長或短在人心念至今猶尒
及曬衣石度惡龍處亦悉現在石高丈四長

二丈許一邊平慧景道整慧達三人先發向
佛影那竭國法顯等住此國夏坐坐訖南下
到宿呵多國其國佛法亦盛昔天帝釋試菩
薩化作鷹鴿割肉貿鴿處佛即成道與諸弟
子遊行語云此本是吾割肉貿鴿處國人由
是得知於此處起塔金銀校餝從此東下五
日行到揵陁衛國是阿育王子法益所治處
佛爲菩薩時亦於此國以眼施人其處亦起
大塔金銀校餝此國人多小乘學自此東行
七日有國名竺刹尸羅竺刹尸羅漢言截頭
也佛爲菩薩時於此處以頭施人故因以爲
名復東行二日至投身餧餓虎處此二處亦

起大塔皆衆寶校餝諸國王臣民競興供養
散華然燈相繼不絕通上二塔彼方人亦名
爲四大塔也從犍陁衛國南行四日到弗樓
沙國佛昔將諸弟子遊行此國語阿難云吾
般泥洹後當有國王名罽膩伽於此處起塔
後膩伽王出世出行遊觀時天帝釋欲開發
其意化作牧牛兒當道起塔王問言汝作何
等荅曰作佛塔王言大善於是王即於小兒
塔上起塔高四十餘丈衆寶校餝凡所經見
塔廟壯麗威嚴都無此比傳云閻浮提塔唯
此爲上王作塔成已小塔即自傍出大塔南
高三尺許佛鉢即在此國昔月氏王大興兵

衆來伐此國欲取佛鉢既伏此國已月氏王篤信佛法欲持鉢去故興供養供養三寶畢乃校餝大象置鉢其上象便伏地不能得前更作四輪車載鉢八象共牽復不能進王知與鉢緣未至深自愧歎即於此處起塔及僧伽藍并留鎮守種種供養可有七百餘僧日將中衆僧則出鉢與白衣等種種供養然後中食至暮燒香時復尒可容二斗許雜色而黑多四際分明厚可二分甚光澤貧人以少華投中便滿有大富者欲以多華欲供養正復百千萬斛終不能滿寶雲僧景只供養佛鉢便還慧景慧達道整先向那竭國供養佛

影佛齒及頂骨慧景病道整住看慧達一人
還於弗樓沙國相見而慧達寶雲僧景遂還
秦土慧景應在佛鉢寺無常由是法顯獨進
向佛頂骨所西行十六由延便至那竭國界
醯羅城中有佛頂骨精舍盡以金薄七寶校
餝國王敬重頂骨慮人抄奪乃取國中豪姓
惰 法顯一卷 五 阿中
八人人持一印印封守護清晨八人俱到各
視其印然後開戶開戶已以香汁洗手出佛
頂骨置精舍外高座上以七寶圓碪碪下琉
璃鍾覆上皆珠璣校餝骨黃白色方圓四寸
其上隆起每日出後精舍人則登高樓擊大
鼓吹螺敲銅鈸王聞已則詣精舍以華香供

養供養已次第頂戴而去從東門入西門出王朝朝如是供養禮拜然後聽國政居士長者亦先供養乃修家事日日如是初無懈倦供養都訖乃還頂骨於精舍中有七寶解脫塔或開或閉高五丈許以盛之精舍門前朝朝恒有賣華香凡欲供養者種種買焉諸國王亦恒遣使供養精舍處方四十步雖復天震地裂此處不動從此北行一由延到那竭國城是菩薩本以銀錢貿五莖華供養定光佛處城中亦有佛齒供養如頂骨法城東北一由延到一谷口有佛錫杖亦精舍供養牛頭栴檀作長丈六七許以木筒盛之正復百

千人舉不能移入谷口西行有佛僧伽梨精舍供養彼國土亢旱時國人相率出衣禮拜供養天即大雨那竭城南半由延有石室博山西南向佛留影此中去十餘步觀之如佛真形金色相好光明炳著轉近轉微髣髴如有諸方國王遣工畫師模寫莫能及彼國人傳云千佛盡當於此留影影西百步許佛在時剃髮剪爪佛自與諸弟子共造塔高七八丈以爲將來塔法今猶在邊有寺寺中有七百餘僧此處有諸羅漢辟支佛塔乃千數住此冬三月法顯等三人南度小雪山雪山冬夏積雪山北陰中遇寒風暴起人皆噤戰慧

景一人不堪復進口出白沫語法顯云我亦不復活便可時去勿得俱死於是遂終法顯撫之悲號本圖不果命也奈何復自力前得過嶺南到羅夷國近有三千僧兼大小乘學住此夏坐坐訖南下十日到跋那國亦有三千許僧皆小乘學從此東行三日復渡新頭河兩岸皆平地過河有國名毗荼佛法興盛兼大小乘學見秦道人往乃大憐愍作是言如何邊地人能知出家爲道遠求佛法悉供給所須待之如法從此東南行減八十由延經歷諸寺甚多僧衆萬數過是諸處已到一國國名摩頭羅有遥捕那河河邊左右有二

十僧伽藍可有三千僧佛法轉盛凡沙河已
西天竺諸國國王皆篤信佛法供養衆僧時
則脫天冠共諸宗親群臣手自行食行食已
鋪氈於地對上座前坐於衆僧前不敢坐床
佛在世時諸王供養法式相傳至今從是以
南名爲中國中國寒暑調和無霜雪人民殷
樂無戶籍官法唯耕王地者乃輸地利欲去
便去欲住便住王治不用刑罔有罪者但罰
其錢隨事輕重雖復謀爲惡逆不過截右手
而已王之侍衛左右皆有供祿舉國人民悉
不殺生不飲酒不食葱蒜唯除旃茶羅旃茶
羅名爲惡人與人別居若入城市則擊水以

自異人則識而避之不相唐突國中不養豬
雞不賣生口市無屠估及估酒者貨易則用
貝齒唯旃荼羅獵師賣肉耳自佛般泥洹後
諸國王長者居士爲衆僧起精舍供養田宅
園圃民戶牛犢鐵券書録後王相傳無敢廢
者至今不絶衆僧住止房舍床褥飲食衣服
都無渴乏之處處皆尒衆僧常以作功德爲業
及誦經坐禪客僧往到舊僧迎逆代擔衣鉢
給洗足水塗足油與非時漿須臾息已復問
其臘數次第得房舍卧具種種如法衆僧住
處作舍利弗塔目連阿難塔并阿毗曇律經
塔安居後一月諸希福之家勸化供養僧作

此一人弘宣佛法外道不能得加陵衆僧於
阿育王塔邊造摩訶衍僧伽藍甚嚴麗亦有
小乘寺都合六七百僧衆威儀庠序可觀四
方高德沙門及學問人欲求義理皆詣此寺
婆羅門子師亦名文殊師利國內大德沙門
諸大乘比丘皆宗仰焉亦住此僧伽藍凡諸

兵八　十六

中國唯此國城邑爲大民人富盛競行仁義
年年常以建卯月八日行像作四輪車縛竹
作五層有承櫨揠戟高二丈餘許其狀如塔
以白㲲纏上然後彩畫作諸天形像以金銀
琉璃莊校其上懸繒幡蓋四邊作龕皆有坐
佛菩薩立侍可有二十車車車莊嚴各異當

此日境内道俗皆集作倡伎樂華香供養婆羅門子來請佛佛次第入城入城内再宿通夜然燈伎樂供養國國皆介其國長者居士各於城中立福德醫藥舍凡國中貧窮孤獨殘跛一切病人皆詣此舍種種供給醫師看病隨宜飲食及湯藥皆令得安差者自去阿育王壞七塔作八萬四千塔最初所作大塔在城南三里餘此塔前有佛脚跡起精舍户北向塔塔南有一石柱圍丈四五高三丈餘上有銘題云阿育王以閻浮提布施四方僧還以錢贖如是三反塔北三四百步阿育王本於此作泥黎城中央有石柱亦高三丈餘

上有師子柱上有銘記作泥犁城因緣及年數日月從此東南行九由延至一小孤石山山頭有石室石室南向佛坐其中天帝釋將天樂般遮彈琴樂佛處帝釋以四十二事問佛一一以指畫石畫跡故在此中亦有僧伽藍從此西南行一由延到那羅聚落是舍利弗本生村舍利弗還於此村中般泥洹即此處起塔今亦現在從此西行一由延到王舍新城新城者是阿闍世王所造中有二僧伽藍出城西門三百步阿闍世王得佛一分舍利起塔高大嚴麗出城南四里南向入谷至五山裏五山周圍狀若城郭即是蓱沙王舊

城城東西可五六里南北七八里舍利弗目連初見頞鞞處尼犍子作火坑毒飯請佛處阿闍世王酒飲黑象欲害佛處城東北角曲中耆舊於菴婆羅園中起精舍請佛及千二百五十弟子供養處今故在其城中空荒無人住入谷摶山東南上十五里到耆闍崛山未至頭三里有石窟南向佛本於此坐禪西北三十步復有一石窟阿難於中坐禪天魔波旬化作鵰鷲住窟前恐阿難佛以神足力隔石舒手摩阿難肩怖即得止鳥跡手孔今悉存故曰鵰鷲窟山窟前有四佛坐處又諸羅漢各各有石窟坐禪處動有數百佛在石

室前東西經行調達於山北嶮巇間横擲石傷佛足指處石猶在佛説法堂已毀壞止有塼壁基在其山峯秀端嚴是五山中最高法顯於新城中買香華油燈倩二舊比丘送法顯上耆闍崛山華香供養然燈續明慨然悲傷收淚而言佛昔於此住説首楞嚴法顯生不値佛但見遺跡處所而已即於石窟前誦首楞嚴停止一宿還向新城出舊城北行三百餘步道西迦蘭陀竹園精舍今現在衆僧掃灑精舍北二三里有尸摩賒那尸摩賒那者漢言棄死人墓田搏南山西行三百步有一石室名賓波羅窟佛食後常於此坐禪又

西行五六里山北陰中有一石室名車帝佛
泥洹後五百阿羅漢結集經處出經時鋪三
空座莊嚴校飾舍利弗在左目連在右五百
數中少一阿羅漢大迦葉為上座時阿難在
門外不得入其處起塔今亦在搏山亦有諸
羅漢坐禪石窟甚多出舊城北東下三里有

調達石窟離此五十步有大方黑石昔有比
丘在上經行思惟是身無常苦空得不淨觀
猒患是身即捉刀欲自殺復念世尊制戒不
得自殺又念雖尒我今但欲殺三毒賊便以
刀自刎始傷再得須陀洹既半得阿那含斷
巳成阿羅漢果般泥洹從此西行四由延到

伽耶城城内亦空荒復南行二十里到菩薩本苦行六年處處有林木從此西行三里到佛入水洗浴天按樹枝得攀出池處又北行二里得弥家女奉佛乳糜處從此北行二里佛於一大樹下石上東向坐食糜樹石今悉在石可廣長六尺高二尺許中國寒暑均調樹木或數千歲乃至萬歲從此東北行半由延到一石窟菩薩入中西向結跏趺坐心念若我成道當有神驗石壁上即有佛影現長三尺許今猶明亮時天地大動諸天在空中白言此非過去當來諸佛成道處去此西南行減半由延貝多樹下是過去當來諸佛成

道處諸天説是語已即便在前唱導導引而
去菩薩起行離樹三十步天授吉祥草菩薩
受之復行十五步五百青雀飛來繞菩薩三
帀而去菩薩前到貝多樹下敷吉祥草東向
而坐時魔王遣三王女從北來試魔王自從
南來試菩薩以足指按地魔兵退散三女變
兵八　十九
老自上菩行六年處及此諸處後人皆於中
起塔立像今皆在佛成道已七日觀樹受解
脱樂處佛於貝多樹下東西經行七日處諸
天化作七寳屋供養佛七日處文鱗盲龍七
日繞佛處佛於尼拘律樹下方石上東向坐
梵天來請佛處四天王奉鉢處五百賈客授

麨蜜處度迦葉兄弟師徒千人處此諸處亦
起塔佛得道處有三僧伽藍皆有僧住衆僧
民戶供給饒足無所乏少戒律嚴峻威儀坐
起入衆之法佛在世時聖衆所行以至于今
佛泥洹已來四大塔處相承不絕四大塔者
佛生處得道處轉法輪處般泥洹處阿育王
昔作小兒時當道戲遇釋迦佛行乞食小兒
歡喜即以一掬土施佛佛持還泥經行地因
此果報作鐵輪王王閻浮提乘鐵輪案行閻
浮提見鐵圍兩山間地獄治罪人即問羣臣
此是何等荅言是鬼王閻羅治罪人王自念
言鬼王尚能作地獄治罪人我是人主何不

作地獄治罪人耶即問臣等誰能爲我作地
獄主治罪人者臣荅言唯有極惡人能作耳
王即遣臣遍求惡人見泄水邊有一長壯黑
色髮黃眼青以脚鉤兼魚口呼禽獸禽獸來
便射殺無得脱者得此人已將來與王王密
勑之汝作四方高墻內殖種種華果并好浴
池莊嚴校飾令人渴仰牢作門户有人入者
輙捉種種治罪莫使得出設使我入亦治罪
莫放今拜汝作地獄主有比丘次第乞食入
其門獄卒見之便欲治罪比丘惶怖求請須
臾聽我中食俄頃得有人入獄卒內置碓臼
中擣之赤沫出比丘見已思惟此身無常苦

空如泡如沫即得阿羅漢旣而獄卒挺內鑊湯中比丘心顔欣悅火滅湯冷中生蓮華比丘坐上獄卒即往白王獄中奇怪願王往看王言我前有要今不敢往獄卒言此非小事王宜疾往更改先要王即隨入比丘爲說法王得信解即壞地獄悔前所作衆惡由是信

重三寶常至貝多樹下悔過自責受八齋王夫人問王常遊何處羣臣答言恒在貝多樹下夫人伺王不在時遣人伐其樹倒王來見之迷悶躃地諸臣以水灑面良久乃穌王即以塼累四邊以百罌牛乳灌樹根身四布地作是誓言若樹不生我終不起誓已樹便即

根上而生以至于今今高減十丈從此南三
里行到一山名雞足大迦葉今在此山中劈
山下入入處不容人下入極遠有旁孔迦葉
全身在此中住孔外有迦葉本洗手土彼方
人若頭痛者以此土塗之即差此山中即日
故有諸羅漢住彼方諸國道人年年往供養
迦葉心濃至者夜即有羅漢來共言論釋其
疑已忽然不現此山榛木茂盛又多師子虎
狼不可妄行法顯還向巴連弗邑順恒水西
下十由延得一精舍名曠野佛所住處今現
有僧復順恒水西行十二由延到迦尸國波
羅㮈城城東北十里許得仙人鹿野苑精舍

此苑本有辟支佛住常有野鹿栖宿世尊將
成道諸天於空中唱言白淨王子出家學道
却後七日當成佛辟支佛聞已即取泥洹故
名此處爲仙人鹿野苑世尊成道已後人於
此處起精舍佛欲度拘驎等五人五人相謂
言此瞿曇沙門本六年苦行日食一麻一米

尚不得道況入人間恣身口意何道之有今
日來者愼勿與語佛到五人皆起作禮處復
北行六十步佛於此東向坐始轉法輪度拘
驎等五人處其北二十步佛爲弥勒授記處
其南五十步翳羅鉢龍問佛我何時當得免
此龍身此處皆起塔見在中有二僧伽藍悉

有僧住自鹿野苑精舍西北行十三由延有國名拘睒弥其精舍名瞿師羅園佛昔住處今故有衆僧多小乘學從東行八由延佛本於此度惡鬼處亦嘗在此住經行坐處皆起塔亦有僧伽藍可百餘僧從此南行二百由延有國名達嚫是過去迦葉佛僧伽藍穿大石山作之凡有五重最下重作象形有五百間石室第二層作師子形有四百間第三層作馬形有三百間第四層作牛形有二百間第五層作鴿形有百間最上有泉水循石室前繞房而流周圍廻曲如是乃至下重順房流從戶而出諸層室中處處穿石作窻牖通

明室中朗然都無幽暗其室四角頭穿石作
梯隥上處今人形小緣梯上正得至昔人一
脚所躡處因名此寺爲波羅越波羅越者天
竺名鴿也其寺中常有羅漢住此土丘荒無
人民居去山極遠方有村皆是邪見不識佛
法沙門婆羅門及諸異學彼國人民常見人
飛來入此寺于時諸國道人欲來禮此寺者
彼村人則言汝何以不飛耶我見此間道人
皆飛道人方便荅言翅未成耳達嚫國嶮道
路艱難而知處欲往者要當賚錢貨施彼國
王王然後遣人送展轉相付示其逕路法顯
竟不得往承彼土人言故說之耳從波羅㮈

國東行還到巴連弗邑法顯本求戒律而北天竺諸國皆師師口傳無本可寫是以遠步乃至中天竺於此摩訶衍僧伽藍得一部律是摩訶僧祇衆律佛在世時最初大衆所行也於祇洹精舍傳其本自餘十八部各有師資大歸不異於小小不同或用開塞但此最是廣說備悉者復得一部抄律可七千偈是薩婆多衆律即此秦地衆僧所行者也亦皆師師口相傳授不書之於文字復於此衆中得雜阿毗曇心可六千偈又得一部綖經二千五百偈又得一卷方等般泥洹經可五千偈又得摩訶僧祇阿毗曇故法顯住此三年

學梵書梵語寫律道整既到中國見沙門法則衆僧威儀觸事可觀乃追歎秦土邊地衆僧戒律殘缺誓言自今已去至得佛願不生邊地故遂停不歸法顯本心欲令戒律流通漢地於是獨還順恒水東下十八由延其南岸有瞻波大國佛精舍經行處及四佛坐處悉起塔現有僧住從此東行近五十由延到多摩梨帝國即是海口其國有二十四僧伽藍盡有僧住佛法亦興法顯住此二年寫經及畫像於是載商人大舶汎海西南行得冬初信風晝夜十四日到師子國彼國人云相去可七百由延其國大在洲上東西五十由

延南北三十由延左右小洲乃有百數其間相去或十里二十里或二百里皆統屬大洲多出珍寶珠璣有出摩尼珠地方可十里王使人守護若有採者十分取三其國本無人民正有鬼神及龍居之諸國商人共市易市易特鬼神不自現身但出寶物題其價直商

人則依價直直取物因商人來往往故諸國人聞其土樂悉亦復來於是遂成大國其國和適無冬夏之異草木常茂田種隨人無有時節佛至其國欲化惡龍以神足力一足躡王城北一足躡山頂兩跡相去十五由延於王城北跡上起大塔高四十丈金銀莊校衆

寶合成塔邊復起一僧伽藍名無畏山有五
千僧起一佛殿金銀刻鏤悉以衆寶中有一
青玉像高二丈許通身七寶炎光威相嚴顯
非言所載右掌中有一無價寶珠法顯去漢
地積年所與交接悉異域人山川草木舉目
無舊又同行分析或留或亡顧影唯己心常
懷悲忽於此玉像邊見商人以晉地一白絹
扇供養不覺悽然淚下滿目其國前王遣使
中國取貝多樹子於佛殿旁種之高可二十
丈其樹東南傾王恐倒故以八九圍柱拄樹
樹當拄處心生遂穿柱而下入地成根大可
四圍許柱雖中裂猶裹在其外人亦不去樹

下起精舍中有坐像道俗敬仰無惓城中又起佛齒精舍皆七寶作王淨修梵行城内人信敬之情亦篤其國立治已來無有飢荒喪亂衆僧庫藏多有珍寶無價摩尼其王入僧庫遊觀見摩尼珠即生貪心欲奪取之三日乃悟即詣僧中稽首悔前罪心告白僧言願僧立制自今已後勿聽王入其庫看比丘滿四十臘然後得入其城中多居士長者薩薄商人屋宇嚴麗巷陌平整四衢道頭皆作説法堂月八日十四日十五日鋪施高座道俗四衆皆集聽法其國人云都可五六萬僧悉有衆食王别於城内供五六千人衆食須者

則持本鉢往取隨器所容皆蒲而還佛齒常
以三月中出之未出十日王莊校大象使一
辯說人著王衣服騎象上擊鼓唱言菩薩從
三阿僧祇劫苦行不惜身命以國妻子及挑
眼與人割肉貿鴿截頭布施投身餓虎不悋
髓腦如是種種苦行爲衆生故成佛在世四
兵八　廿四
十九年說法教化令不安者安不度者度衆
生緣盡乃般泥洹泥洹已來一千四百九十
七年世間眼滅衆生長悲却後十日佛齒當
出至無畏山精舍國內道俗欲植福者各各
平治道路嚴飾巷陌辦衆華香供養之具如
是唱已王便夾道兩邊作菩薩五百身已來

種種變現或作須大拏或作睒變或作象王
或作鹿馬如是形像皆彩畫莊校狀若生人
然後佛齒乃出中道而行隨路供養到無畏
精舍佛堂上道俗雲集燒香然燈種種法事
晝夜不息滿九十日乃還城内精舍城内精
舍至齋日則開門戶禮敬如法無畏精舍東
四十里有一山山中有精舍名跋提可有二
千僧僧中有一大德沙門名達摩瞿諦其國
人民皆共宗仰住一石室中四十許年常行
慈心能感虵鼠使同止一室而不相害城南
七里有一精舍名摩訶毗訶羅有三千僧住
有一高德沙門戒行清潔國人咸疑是羅漢

臨終之時王來省視依法集僧而問比丘得道耶其便以實答言是羅漢既終王即案經律以羅漢法葬之於精舍東四五里積好大薪縱廣可三丈餘高亦介近上著栴檀沉水諸香木四邊作階上持淨好白氎周帀蒙積上作大轝床似此間輀車但無龍魚耳當闍維時王及國人四衆咸集以華香供養從轝至墓所王自華香供養供養訖轝著積上蘇油遍灌然後燒之火然之時人人敬心各脫上服及羽儀傘蓋遥擲火中以助闍維闍維已取檢取骨即以起塔法顯至不及其生存唯見葬時王篤信佛法欲爲衆僧作新精舍

先設大會飯食僧　供養已乃選好上牛一雙
金銀寶物莊校角　上作好金犂王自耕頃四
邊然後割給民戶　田宅書以鐵券自是已後
代代相承無敢廢　易法顯在此國聞天竺道
人於高座上誦經　云佛鉢本在毗舍離今在
揵陀衛竟若干百　年法顯聞誦之時有定歲數但今忘耳當復
至西月氏國若干　百年當至于闐國住若干
百年當至屈茨國　若干百年當復來到漢地
住若干百年當復　至師子國若干百年當還
中天竺到中天已　當上兜術天上彌勒菩薩
見而嘆曰釋迦文　佛鉢至即共諸天華香供
養七日七日已還　閻浮提海龍王持入龍宮

至弥勒將成道時鉢還分爲四復本頻那山
上弥勒成道已四天王當復應念佛如先佛
法賢劫千佛共用此鉢鉢去已佛法漸滅佛
法滅後人壽轉短乃至五歲十歲之時粳米
酥油皆悉化滅人民極惡捉木則變成刀杖
共相傷割殺其中有福者逃避入山惡人相
殺盡已還復來出共相謂言昔人壽極長但
爲惡甚作諸非法故我等壽命遂尒短促乃
至十歲我今共行諸善起慈悲心修行仁義
如是各行信義展轉壽倍乃至八萬歲彌勒
出世初轉法輪時先度釋迦遺法弟子出家
人及受三歸五戒齋法供養三寶者第二第

三次度有緣者法顯介時欲寫此經其人云
此無經本我止口誦耳法顯住此國二年更
求得彌沙塞律藏本得長阿含雜阿含復得
一部雜藏此悉漢土所無者得此梵本已即
載商人大船上可有二百餘人後係一小船
海行艱嶮以備大船毀壞得好信風東下二

矢八　廾六

日便值大風船漏水入商人欲趣小船小船
上人恐人來多即斫絙斷商人大怖命在須
臾恐船水漏即取麁財貨擲著水中法顯亦
以軍持及澡灌并餘物棄擲海中但恐商人
擲去經像唯一心念觀世音及歸命漢地衆
僧我遠行求法願威神歸流得到所止如是

大風晝夜十三日到一島邊潮退之後見船
漏處即補塞之於是復前海中多有抄賊遇
輙無全大海彌漫無邊不識東西唯望日月
星宿而進若陰雨時爲逐風去亦無准當夜
闇時但見大浪相搏晃然火色黿鼉水性怪
異之屬商人荒遽不知那向海深無底又無
下石住處至天晴已乃知東西還復望正而
進若值伏石則無活路如是九十日許乃到
一國名耶婆提其國外道婆羅門興盛佛法
不足言停此國五月日復隨他商人大船上
亦二百許人賫五十日粮以四月十六日發
法顯於船上安居東北行趣廣州一月餘日

夜鼓二時遇黑風暴雨商人賈客皆悉惶怖法顯尒時亦一心念觀世音及漢地衆僧蒙威神祐得至天曉曉已諸婆羅門議言坐載此沙門使我不利遭此大苦當下比丘置海島邊不可爲一人令我等危嶮法顯本檀越言汝若下此比丘亦并下我不尒便當殺我

汝其下此沙門吾到漢地當向國王言汝也漢地王亦敬信佛法重比丘僧諸商人躊躇不敢便下于時天多連陰海師相望僻誤遂經七十餘日粮食水漿欲盡取海鹹水作食分好水人可得二升遂便欲盡商人議言常行時正可五十日便到廣州尒今已過期多

日將無僻耶即便西北行求岸晝夜十二日
長廣郡界牢山南岸便得好水菜但經涉險
難憂懼積日忽得至此岸見藜藿菜依然知
是漢地然不見人民及行跡未知是何許或
言未至廣州或言已過莫知所定即乘小船
入浦覓人欲問其處得兩獵人即將歸令法
顯譯語問之法顯先安慰之徐問汝是何人
答言我是佛弟子又問汝入山何所求其便
詭言明當七月十五日欲取桃臘佛又問此
是何國答言此青州長廣郡界統屬劉家聞
已商人歡喜即乞其財物遣人往長廣太守
李嶷敬信佛法聞有沙門持經像乘船汎海

而至即將人從至海邊迎接經像歸至郡治商人於是還向楊州劉法青州請法顯一冬一夏夏坐訖法顯遠離諸師久欲趣長安但所營事重遂便南下向都就諸師出經律法顯發長安六年到中國停六年還三年達青州凡所遊歷減三十國沙河已西迄于天竺衆僧威儀法化之美不可詳說竊惟諸師未得備聞是以不顧微命浮海而還艱難具更幸蒙三尊威靈危而得濟故竹帛疏所經歷欲令賢者同其聞見

是歲甲寅晉義熙十二年歲在壽星夏安居末迎法顯道人既至留共冬齋因講集之際

重問遊歷其人恭順言輙依實由是先所略
者勸令詳載顯復具叙始末自云顧尋所經
不覺心動汗流所以乘危履嶮不惜此形者
蓋是志有所存專其愚直故投命於不必全
之地以達萬一之冀於是感歎斯人以爲古
今罕有自大教東流未有忘身求法如顯之
比然後知誠之所感無窮否而不通志之所
奬無功業而不成成夫功業者豈不由忘失
所重重夫所忘者哉

共八　廿八末

法顯傳

縶音隸　縆古登切

共八

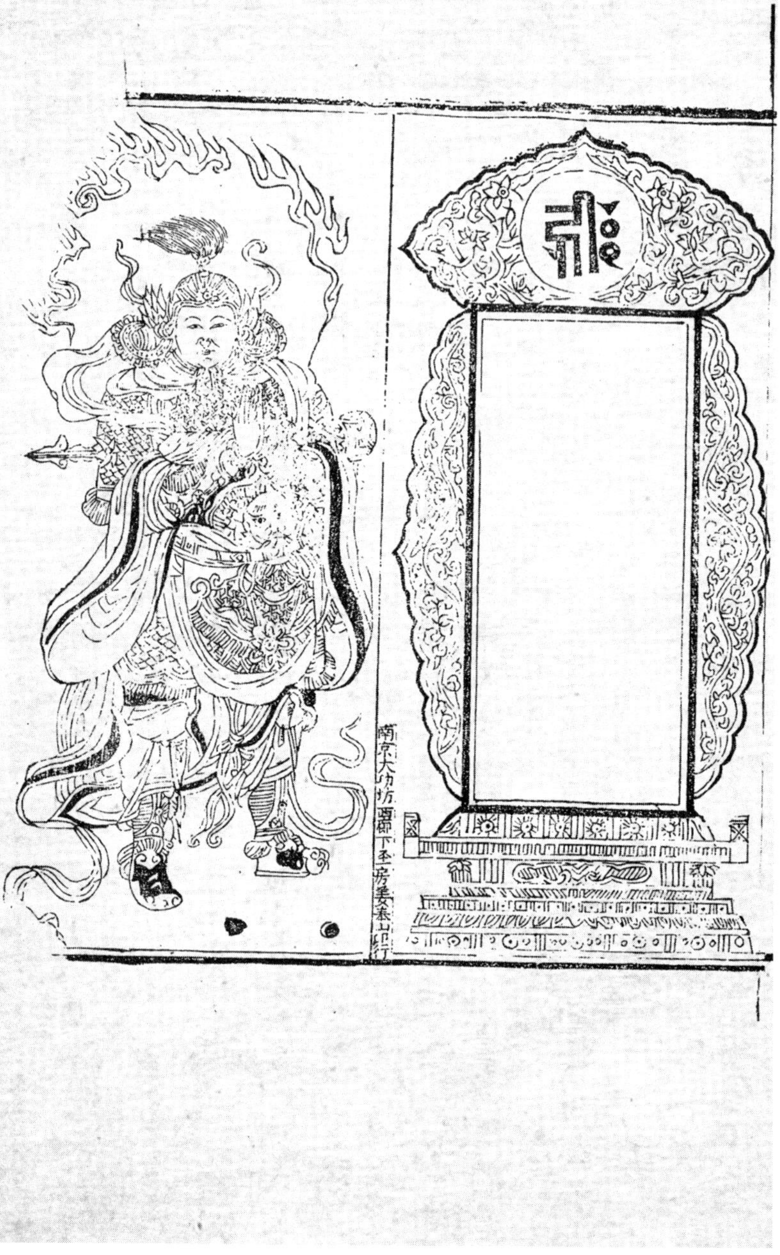
南京大功坊西廊下李房姜泰山印行